新发展阶段提升国家治理效能路径探究

谭文邦　著

新 华 出 版 社

图书在版编目（CIP）数据

新发展阶段提升国家治理效能路径探究 / 谭文邦著 .
北京 : 新华出版社 , 2024. 6. -- ISBN 978-7-5166
-7417-8

Ⅰ . D630.1

中国国家版本馆 CIP 数据核字第 20246EL012 号

新发展阶段提升国家治理效能路径探究

作　　者：谭文邦

责任编辑：丁　勇　王依然　　**封面设计：**优盛文化

出版发行：新华出版社
地　　址：北京石景山区京原路 8 号　　**邮　　编：**100040
网　　址：http://www.xinhuapub.com
经　　销：新华书店、新华出版社天猫旗舰店、京东旗舰店及各大网店
购书热线：010-63077122　　**中国新闻书店购书热线：**010-63072012

照　　排：优盛文化
印　　刷：河北万卷印刷有限公司

成品尺寸：170mm × 240mm
印　　张：13.5　　**字　　数：**200 千字
版　　次：2024 年 6 月第一版　　**印　　次：**2024 年 6 月第一次印刷

书　　号：ISBN 978-7-5166-7417-8
定　　价：78.00 元

前　言

本书是在笔者的博士论文基础上整理而成的，也是陈铭彬研究员广西高校思政卓越人才项目的阶段性成果之一。

提升国家治理效能，关系到实现国家治理体系和治理能力现代化的目标，关系到实现“两个一百年”奋斗目标和中华民族伟大复兴的中国梦。党的十九届四中全会提出要“把制度优势转化为国家治理效能”，十九届五中全会又把“国家治理效能得到新提升”作为“十四五”时期我国经济社会发展的重要目标。可见，探究新发展阶段国家治理效能提升问题具有重大的理论价值和现实意义。本书主要分为六个部分，分别从问题思考、概念辨析与时代内涵、理论基础、历史发展、内在逻辑及实践路径对提升国家治理效能问题进行深入的比较、分析、阐释、论证，旨在回答国家治理效能“是什么”“为什么”“有何趋势”“有何问题”，新发展阶段提升国家治理效能“怎么做”等重大的理论和现实问题。

第一部分为导论，引出国家治理效能问题的接续思考。通过回答困扰久远的治理之问，提升读者对国家治理效果问题的研究兴趣，增强对治理研究的学科贡献及其价值。

第二部分探析国家治理效能的基本概念和时代内涵，主要解决国家治理效能“是什么”的问题。从基本定义出发，可以从两个方面理解国家治理效能：一是实现国家治理效能必须有目标的正确性；二是要实现国家治理效能还需要国家治理手段或者方式的合理性。国家治理在新发展阶段只有为大多数人谋幸福才能体现目标正确性，只有实现过程民主化、程序法治化才能体现手段合理性。国家治理效能与国家治理体系、国家治理能力存在辩证关系，国家治理体系为国家治理效能的实现提供制度保障、目标指引和价值基础，为国家治理效能的实现提供了基本的规范；国家治理能力则为国家治理效能实现提供动能，既提供了协调力和凝聚力，又提供了创新力和发展力，还提供了意志力与执行力。

第三部分主要阐述国家治理的马克思主义理论基础，从理论上揭示中华人民共和国成立以来取得的国家治理效能的内在逻辑，并在此基础上阐明新发展阶段提升国家治理效能的理论指导和根本遵循。马克思恩格斯的国家治理思想是马克思主义国家治理理论的缘起，遵从了“具体—抽象—具体”的思维发展规律；列宁对马克思主义国家治理思想有了初步的实践，探索出许多切实可行的治国理政的具体措施；中国特色国家治理理论是马克思主义国家治理思想的超越，实现了对西方国家治理理论的阶级超越，对苏联国家治理理论的模式超越，实现了价值与真理的统一。

第四部分主要阐明国家治理效能实现的历史发展，目的是总结历史经验，揭示历史规律，把握历史发展趋势，探寻新发展阶段提升国家治理效能的历史密码。社会主义革命和建设时期我国初步建立起了社会主义国家制度体系，国家治理效能初步显现；改革开放时期党对国家治理体系作出深刻调整，实现了治理取向的转变，国家治理效能逐步提高；党的十八大以来国家治理体系不断完善，国家制度具有多方面的优势，国家治理效能得到充分激发。

第五部分揭示国家治理效能实现的内在逻辑，从马克思主义理论国家治理理论的一般原理出发，吸收借鉴其关于社会主义国家治理理论的成果，总结概括中国特色国家治理的经验教训，全面阐述国家治理效能实现的政治基础、制度体系要求、治理方式、主体结构和制度环境。深入发掘这些问题并分析其产生的原因，为新发展阶段提升国家治理效能提供问题导向。

第六部分阐明提升国家治理效能的实践路径，解决“怎么办”的问题。国家治理效能的理论逻辑为读者揭示了内在规律，提供了经验启示并展现了“中国奇迹”的“制度密码”。因此，新发展阶段想要提升国家治理效能，就要把坚持和完善根本领导制度作为政治基础，把推进国家治理体系现代化作为制度保障，把全面依法治国作为基本方式。优化治理主体结构为提升国家治理效能提供新动能，把构造制度执行的良好环境作为关键环节，在此基础上实现国家治理主体与客体的统一，目的与方式的统一，理论与实践的统一，结构与功能的统一，最终达到提升国家治理效能的目标。

目　录

第一章 导论：对国家治理效能问题的接续思考

第一节 困扰久远的治理之问

对制度效果或者效能的追求是人类社会永恒的课题，人们不是为了追求制度本身而创造、构建制度，而是为了实现制度的效果，达到某种目标。孔子的“礼”，老子的“道”，都是为了追求一种社会秩序使国家得以长治久安。柏拉图构建“理想国”是为了促进人类社会健康科学发展。亚里士多德构建“城邦国家”是为了实现人的最高的善和最好的幸福。罗尔斯的正义论是为了建设一个公平、自由和平等的社会。马克思恩格斯科学论证的共产主义制度是为了实现人的彻底解放。可见，制度不是人们追求的目标，通过制度实现国家治理，实现人们对美好生活的向往和追求才是人们的最终目的。国家治理效能问题既是老问题，又是新问题。说它是老问题，是因为中国历史上一直存在有好的制度不能执行的情况，最终导致朝代更迭、政息人亡的情况。明代官员张居正曾提出：“盖天下之事，不难于立法，而难于法之必行。”说它是新问题，是因为在当代中国也需要提升国家治理效能。

中华人民共和国成立以来，中国特色社会主义制度不断完善和发展，创造了世所罕见的经济快速发展奇迹和社会长期稳定奇迹，中华民族迎来了从站起来、富起来到强起来的伟大飞跃。中国特色社会主义进入新时代，治党治国治军、内政外交国防等内外部环境发生根本变化，我国的主要矛盾从“人民日益增长的物质文化需求与落后的社会生产之间的矛盾”转变为“人民日益增长的美好生活需要和不平衡不充分的发展之间的矛盾”。要解决这个主要矛盾，必须坚持和完善中国特色社会主义制度，推进国家治理体系和治理能力现代化，最终体现在国家治理效能的实现。能否有效解决社会主要矛盾，能否继续推进我国经济持续发展和社会长期稳定，能否不断提高人民群众的生活水平和幸福感、获得感最终取决于国家治理效能是否能够实现，国家能否选择、制定、完善国家制度，国家制度能否被尊崇并产生良好的效果。因此，提升国家治理效能，于中国人民、中华民族而言意义重大，既是实现“两个一百年”奋斗目标的根本途径，又是实现中华民族伟大复兴的中国梦的根本前提。党的十九届四中全会提出把制度优势转化为国家治理效能的要求，党的十九届五中全会又把国家治理效能得到新提升作为“十四五”时期我国经济社会发展的重要目标，这既是对国家治理效能实现这一古今中外疑难问题的接续思考，又是中国人民站在新的历史方位创造新的时代壮举的必然选择。研究国家治理效能提升的问题，以推进国家治理体系和治理能力现代化为根本目标，对新发展阶段国家治理效能问题的研究意义重大。

第二节　历久弥新的研究旨趣

一、国内研究现状

自党的十八届三中全会提出国家治理体系和治理能力现代化的理念以来，国家治理成为研究的热点问题，从中国知网发表论文的统计看，2013 年至今，以国家治理为主题的论文高达 7000 多篇，其中核心期刊 3100 多篇，数量较为庞大。从研究的层次来看，国家治理问题研究涉及宏观层面和微观层面的研究。从国家图书馆的统计来看，与国家治理相关主题的图书共 700 多本，涉及国家治理的思想来源、理论基础、现实路径、未来发展等方面的内容，成果非常丰硕。在关于国家治理的丰硕研究成果中，与“国家治理效能”相关的论著也形成了一定规模，多方面、多学科、多视角的研究使国家治理效能成为许多学者关注的焦点问题。通过系统梳理可以发现，学术界关于“国家治理效能”的研究主要从八个方面来展开。

（一）制度优势转化为国家治理效能的研究

党的十九届四中全会以后，许多学者对国家治理效能的实现问题给予了充分的关注，也做了很多深入的研究，多位研究者从国家制度的构建和治理能力提高的角度阐明了其内在逻辑和实践路径，取得丰硕的研究成果。华中科技大学国家治理研究院欧阳康院长认为，制度优势转化为国家治理效能的路线图应该包括优势制度能否转化为社会共识、优势制度能否转化为实施路径及如何转化为所有社会成员的行为规范等三个方面。[①] 华中科技大学国家治理研究院虞崇胜特聘研究员的研究表明，将制度优势转化为治理效能的实现路径包括加快制度集成，构建相对完整的制度体系；发挥制度优势，将制度优势转化为制度性能；补齐短板，发挥制度体系的整体功能；强化执行，将制度优势转化为治理效能；狠抓治理环节，提高“四个治理”的有效性。[②] 中央党校（国家行政学院）马克思主义学院21世纪马克思主义研究所李海青所长从制度的顶层设计和落实机制入手，提出制度优势转化为治理效能的具体方案。[③] 武汉大学政治与公共管理学院吕普生教授提出，优化国家治理体系的结构与功能、创新国家治理体系的运行机制、提高国家治理能力特别是制度执行能力，是把我国制度优势更好转化为国家治理效能的有效路径。[④]

（二）深入挖掘马克思主义国家治理思想指导国家治理效能的提升

中国共产党领导中国人民取得国家治理的辉煌成就生动说明了马克思主义国家治理思想既是思想宝库，更是实践指引。深入挖掘马克思主义国家治理思想，从马克思主义的基本原理出发探讨国家治理思想的发展规律，揭示马克思主义国家治理思想与西方国家治理思想的差别，并深入探讨其中国化的过程，阐明马克思主义国家治理思想的当代价值，

---

① 欧阳康，杨国斌．将制度优势更好地转化为治理效能：访华中科技大学国家治理研究院院长欧阳康教授 [J]. 马克思主义理论学科研究，2020（1）：4–13.

② 虞崇胜．将制度优势转化为治理效能：国家治理现代化的关键环节 [J]. 理论探讨，2020（1）：5–11.

③ 李海青．制度优势如何转化为治理效能：基于制度建设模式的思考 [J]. 理论探索，2020（4）：44–49.

④ 吕普生．我国制度优势转化为国家治理效能的理论逻辑与有效路径分析 [J]. 新疆师范大学学报（哲学社会科学版），2020（3）：11–33，2.

成为国内学术界的研究热点，不断推动着国家治理思想理论的创新和变革。

一是对国家治理本质的探索，即国家治理是什么。关于这个问题，西方政治学流行的观点是把国家治理看作是一种权力运行的过程，国家治理的主体是政治权利的所有者，把国家治理与马克思主义国家理论完全隔绝开来。北京大学中国政治学研究中心何增科教授认为，国家治理是国家政权的所有者、管理者和利益相关者等多元行动者在一个国家的范围内对社会公共事务的合作管理，其目的是增进公共利益维护公共秩序。[①]人民日报社理论部梁宇编辑认为，治理应是属于人民的民主治理，未来社会治理应是以实现“自由人联合体”的“社会自治型治理”为目标。[②]中国社会科学院政府管理学院徐海燕教授认为，“马克思以鲜明的阶级立场，提出了国家政权中的无产阶级政党的核心地位；市场模式中的生产资料的公有制主体；社会领域以实现人的发展为根本价值等，同时指出了社会主义国家治理形式的条件性”[③]

二是用马克思主义的基本原理，如国家理论、阶级理论、共同体思想等来分析国家治理问题。北京马克思主义学院刘军教授认为，“国家治理是从一元治理主体向多元治理发展、从政治统治向社会治理的过程，最终将消灭国家，走向社会的自我治理”。[④]上海财经大学鲁品越教授认为，经过社会主义改造与改革开放，我国已经建立起以公有制为主体、各种所有制共同发展的社会主义市场经济体系，剥削阶级已经不

① 何增科．理解国家治理及其现代化[J]．马克思主义与现实，2014（1）：11-15.

② 梁宇．马克思的国家治理思想探析[J]．哲学研究，2015（5）：31-35.

③ 徐海燕．马克思主义国家治理思想及其当代价值[J]．重庆社会科学，2014（10）：38.

④ 刘军．从马克思主义国家理论看中国国家治理现代化[J]．中国特色社会主义研究，2014（5）：37-41.

是集团性政治力量，因此无产阶级已经基本完成其历史使命，需要建立以依法治国为根本的新的治理体系。① 这些观点都是从马克思主义基本原理出发对国家治理问题的深入阐述。

三是对马克思国家治理思想的当代价值的挖掘。马克思国家治理思想对当代中国的国家治理有什么指导意义，当代中国应该如何发展马克思主义国家治理思想，诸多学者对这些问题也进行了深入探讨。中国社会科学院政府管理学院徐海燕教授认为，马克思国家治理思想的当代价值首先是国家治理策略应符合相应的社会性质，其次是要注重甄别国家治理理论的职能属性。② 在我国的国家治理中，要继续坚持人民民主专政，保障人民的主体地位，促进人的全面发展，要加强党的建设和治理，建立纯洁性、先进性政党，要坚持依法治国、依宪治国，建立规范性、公正性的法律体系，要坚持公有制市场经济体制的发展，保障人民的平等权益，缩小贫富差距，促进社会和谐等。

（三）探讨国家治理现代化的标准及其效能的实现

什么样的国家治理才是现代化的，许多学者对此展开了激烈探讨，分析的视角及论证观点多元，如通过本质、内涵、特征、基本问题等方面来直接分析国家治理现代化的标准问题，也有单独将中国共产党的建设作为研究视角的。从此可以看出，学者对国家治理现代标准的界定及现代化具体体现的探讨十分热烈。

在探讨国家治理现代化本质、内涵上，兰州大学管理学院丁志刚副院长从十八届三中全会提出的“国家治理”这一总目标概念上对“国家治理”与“国家治理体系”进行了详细分析，其认为“国家治理与

① 鲁品越．国家定义与国家治理体系理论[J]. 学术界，2015（1）：5-10，322.

② 徐海燕．马克思主义国家治理思想及其当代价值[J]. 重庆社会科学，2014(10)：47.

国家管理既有区别也有联系。既不能用国家治理概念简单替代国家管理概念，也不能认为国家治理概念就是对国家管理、政府管理概念的超越。对国家治理体系的理解，应当从对治理、国家治理的概念出发进行科学推论。国家治理体系既包括国家治理的各类构成要素，更指这些要素之间的内在逻辑关系。”[①] 天津大学马克思主义学院颜晓峰院长、中国人民解放军陆军军事交通学院政治部吴晓宇教员则指出“要推进我国国家治理体系和治理能力现代化，必须与执政党的治理现代化有机统一起来”。[②]

国家治理现代化有什么样的特征呢？深圳大学政府管理学院俞可平院长认为主要包括五个方面：一是公共权力运行的制度化和规范化；二是公共治理和制度安排的民主化；三是治理方式的法治化，维护宪法和法律在国家治理中的权威作用；四是效率，国家治理体系必须有利于提高行政效率和经济效率；五是协调化，国家治理体系是一个整体，各层级、各方面相互协调，密不可分。[③] 清华大学国情研究院胡鞍钢院长认为，在国家治理现代化中，国家制度是最重要的现代要素和发动因素。而中国国家治理现代化的显著特质是包含了党的治理、国家治理、社会治理三个层次。其中党的治理现代化起到了决定性作用。”[④] 湖南师范大学科学社会主义研究所严小龙所长则从整体上进行了把握分析，认为国家治理现代化是一个由四个维度构成的系统，即制度治理与价值治理同构化、政党治理与国家治理有机化、城市治理与农村治理一体化、顶层治理与基层治理联动化。它们是国家治理的体系和能力迈向现代化的四

---

① 丁志刚．如何理解国家治理与国家治理体系[J]．学术界，2014（2）：65.

② 颜晓峰，吴晓宇．国家治理现代化与全面从严治党：意义及挑战[J]．人民论坛，2015（21）：11-13.

③ 俞可平．衡量国家治理体系现代化的基本标准[N]．南京日报，2013-12-10（1）.

④ 胡鞍钢．中国国家治理现代化的特征与方向[J]．国家行政学院学报，2014（3）：4-10.

个显著特征。严小龙认为“对这个系统结构的四维特征进行唯物辩证地提炼和分析，有助于深化对国家治理现代化这个命题的结构性理解，以及依据这种理解更好地发挥对实践在治理结构上的指导作用。”[①]华中科技大学国家治理研究院欧阳康院长、华中科技大学马克思主义学院博士研究生赵琦紧紧围绕以“人民为中心”来深度探讨国家治理现代化，他们认为“以人民为中心是习近平新时代中国特色社会主义思想的核心内容，是马克思主义的根本理论立场，是中国共产党人领导中国革命、建设和改革发展实践的经验总结，是党的根本宗旨在当代中国的充分体现。在当今中国特色社会主义新时代，推进国家治理现代化应当自觉坚持以人民为中心的根本价值取向，始终把人民放在心中最高位置，努力满足人民日益增长的美好生活需要，不断把造福人民的事业推向前进。”[②]

在探讨国家治理现代化所要解决的基本问题上，清华大学苏世民书院薛澜院长基于“完善和发展中国特色社会主义制度，推进国家治理体系和治理能力的现代化”这一命题进行了深度解析，其从基本政治制度、价值体系、治理体系、治理能力等四个方面对国家治理的内涵进行了阐释，提出中国国家治理现代化之路是一个顶层设计与泥泞前行相结合的过程。[③]中共南阳市委党校教研室王晓星副主任则基于“政治制度共识”来探讨国家治理现代化的推进工作，其认为凝聚政治制度共识，是社会主义政治制度优越性得以发挥的重要前提，也是我国国家治理现代化实现的重要保障。凝聚政治制度共识，应以政治共识凝聚基础人

① 严小龙．国家治理现代化的四维结构特征 [J]. 马克思主义与现实，2014（6）：162-166.

② 欧阳康，赵琦．以人民为中心的国家治理现代化 [J]. 江苏社会科学，2020（1）：1-8.

③ 薛澜．顶层设计与泥泞前行：中国国家治理现代化之路 [J]. 公共管理学报，2014（4）：1-6.

群，以价值观念凝聚政治实践，以求同存异原则凝聚不同政党关系，以政治制度实践成为凝聚国家和社会发展的内在动力，并且彰显政治制度共识下政治效益，实现以法治化推动国家长治久安。[①]

（四）从国家制度体系的角度研究国家治理效能

多位研究者把推进国家治理体系和治理能力现代化，提升国家治理效能的重点放在国家治理体系的完善和发展上。对于国家治理体系的本质，不同的学者从不同的角度出发作出了自己的阐释，一种观点认为国家治理体系就是作为一个整体的国家制度，另一种观点则认为国家治理体系是一个制度“系统”。关于国家治理本质的问题，国家已经做出明确规定，即“国家治理体系是在党领导下管理国家的制度体系，包括经济、政治、文化、社会、生态文明和党的建设等各领域的体制机制、法律法规安排，是一整套紧密相连、相互协调的国家制度”。[②]因此，研究者关注的重点应该在于如何推进国家治理体系现代化。

关于国家治理体系的现代化的路径，主要有两种观点，一是从制度主义的视角出发，把现代国家制度建设作为国家治理的重要方面，如李放认为“现代国家制度建设是中国国家治理能力现代化的战略选择和首要前提，是国家治理的有效基石。因此，要着力提高中国共产党的执政能力，以政治、经济、文化、社会、生态五大领域的现代国家制度建设为重点，构建国家—市场—社会三者之间的多元治理模式。”[③]在此基础上，北京大学政府管理学院燕继荣院长则提出：“国家制度建设是一项系

① 王晓星．关于凝聚政治制度共识推进国家治理现代化的思考 [J]. 法治与社会，2020（1）：96-97.

② 中共中央文献研究室．十八大以来重大文献选编（上）[M]. 北京：中央文献出版社，2014：548.

③ 李放．现代国家制度建设：中国国家治理能力现代化的战略选择 [J]. 新疆师范大学学报（哲学社会科学版），2014（4）：29-35.

统工程，要充分发挥基础制度、基本制度和具体制度的时效性，更好地进行国家治理。”① 二是认为中国共产党在国家治理中处于核心地位，国家治理体系的建设和发展必须以党的制度建设为基础，通过政党制度的现代化推动国家治理体系现代化。例如，中国法学会张文显副会长认为，“现在的中国国家治理体系主要包括以党章为统领的党内法规制度体系、以党的基本路线为统领的制度政策体系和包括民主政治的法律制度、市场经济的法律制度等法律制度体系。”②

（五）从国家治理能力的角度研究国家治理效能

国家治理能力实质上是对于国家治理体系的执行能力，也就是国家治理主体运用国家制度管理国家各方面事务的能力，包括行使国家权力、分配社会资源、制定公共政策、提供公共产品、促进社会发展、维护社会稳定、应对突发事件、处理国际关系等各个方面的能力。部分学者把国家治理现代化的重点放在了国家治理能力现代化上，认为推进国家治理能力现代化是实现国家治理现代化的根本，是提升国家治理效能行之有效的途径。

关于如何推进国家治理能力现代化，也就是如何提升国家治理体系的执行能力，主要有三种观点，一是认为应该重构国家、市场、社会的关系，如武汉大学马克思主义学院唐皇凤副院长认为，“推进中国国家治理体系现代化应包括创新国家治理理念，增强社会主义制度体系的自我完善能力，构建国家、市场、社会三者之间的网络化治理模式等方面的举措。”③ 二是认为应该把提高国家治理能力着眼于应对未来风险社会的能力，如中国社会科学院政治学研究所郑言研究员、北京外国语大学

① 燕继荣．现代国家治理与制度建设 [J]. 中国行政管理，2014（5）：58-63.

② 张文显．人大在国家治理体系现代化中的作用 [J]. 中国人大，2014（8）：29.

③ 唐皇凤．中国国家治理体系现代化的路径选择 [J]. 福建论坛（人文社会科学版），2014（2）：20-26.

国际关系学院李猛讲师认为，“国家治理能力现代化意味着对将来国家治理过程中出现的新型社会问题的预见与管控能力，以及为应对新型问题而不断衍生出新的国家治理体制机制的能力。”[①]北京大学政府管理学院政治学系张长东教授则从四个方面阐述了提升国家治理能力现代化的途径：国家能力的强大；国家能力的多元化与协调化；国家、市场社会结构的优化；制度化和法治化。[②]

（六）从国家治理主体的角度研究国家治理效能

有研究者认为，研究国家治理，必须从国家治理的主体出发，国家治理的现代化首先是国家治理主体的现代化。从已有的研究看，研究者讨论的问题主要集中在国家治理不同主体的内在结构优化和国家治理主体能力提升的路径等方面。学者达成的共识是中国国家治理的主体已经从改革开放前的政府一元主体向多元主体转变，政府应该明确职能定位和责任边界，向服务型政府转变。但是分化出来的多元主体分别是什么，各种主体之间存在着什么样的逻辑关系，不同学科不同领域的学者则有自己不同的见解。

有学者从经典政治学理论出发，结合中国国家治理的具体实际对国家治理主体的结构和逻辑提出自己的见解。清华大学社会科学学院政治学系杨雪冬教授认为，政党、国家、市场、社会、个人是国家治理的主体，“在制度化过程中，也形成了政党—国家—市场—社会—个人的主体互动格局，执政党作为组织化的行为者努力嵌入各主体之中，以掌

① 郑言，李猛．推进国家治理体系与国家治理能力现代化[J]．吉林大学社会科学学报，2014（2）：5-12．

② 张长东．国家治理能力现代化研究：基于国家能力理论视角[J]．法学评论，2014（3）：25-33．

控制度化的重点和节奏，而决策者又在其中发挥了关键的作用。”[①]中共泰州市委党校政社教研室于江主任、上海交通大学马克思主义学院魏崇辉教授则提出，国家治理的多元主体分别是：中国共产党、公民、社会组织和政府，“多元主体协同治理是在中国共产党领导下实现公民主体、社会自治、政府治理的有机统一的综合治理过程，形成多元共治的善治格局。”[②]

管理学学科对国家治理主体的关注则侧重于治理主体在公共管理活动中的地位和作用，以及各主体间的制度化权力安排和互动模式。深圳大学政府管理学院俞可平院长认为，从治理主体的角度看，国家治理就是中国共产党及其领导的所有国家权力机构的公共管理活动，党组织比政府机关在公共治理中的作用更大，是一种“以党领政”的治理结构。[③]北京大学政府管理学院黄恒学教授指出，国家治理的主体包括政府、事业单位、企业和社会组织，在这四类主体中，政府处于国家治理的主体地位，事业单位、企业和社会组织则是主要参与者。而提高国家治理主体能力的途径是“改革企业和事业单位的运行机制，理顺不同社会主体组织之间的关系，全面建立和完善中国特色社会主义制度下的现代政府制度、现代事业制度、现代企业制度和现代社会组织管理制度”[④]。山西大学政治与公共管理学院王臻荣教授从国家治理结构的发展规律出发，认为国家治理的主体包括政府、市场与民间组织，主体间的关系大致经

① 杨雪冬．从制度信任到制度自信：改革开放 40 年国家治理变革的主体逻辑 [J]. 新视野，2018（4）：5-14.

② 于江，魏崇辉．多元主体协同治理：国家治理现代化之逻辑理路 [J]. 求实，2015（4）：63-69.

③ 俞可平．国家治理的中国特色和普遍趋势 [J]. 公共管理评论，2019（3）：25-32.

④ 黄恒学．完善制度，理顺不同社会主体之间的关系 [J]. 国家治理，2019（40）：34-38.

历了塔式、链式、环式和网式的演变历程。他认为，“当前中国治理结构的定位应该处于塔式治理转型阶段，即逐步摆脱权力高度集中的统治体制，向更加平等、互动、多元的环式和网式治理结构转变。”①

还有学者从法学的角度出发，以权力、权利主体作为依据，阐述国家治理主体的构成和结构。华东政法大学法律方法研究院陈金钊院长、上海社会科学院法学研究所浦东新区法规研究中心俞海涛助理研究员把国家和社会的治理主体分为官、民两类，认为政党、国家、政府、社会组织、经济组织、公民等都是参与国家治理的主体，这些主体都是法律拟制的产物，按照社会契约论都应以平等身份参与治理，要承认官民关系、把官民关系拟制为抽象法律关系主体、用法治方式化解官民矛盾。②

也有学者运用马克思主义基本原理来分析、解读国家治理的主体问题，提出很多有价值的理论观点和实践路径。中国社会科学院马克思主义研究院辛向阳院长认为，国家治理现代化要处理好中央和地方、政府与市场、党与政府、政府与公民的关系，要“实现市场主体竞争有序、调控主体主动有度、社会主体积极有位、个人主体创业有利的经济社会状态”，最终形成“让一切劳动、知识、技术、管理、资本的活力竞相迸发和让一切创造社会财富的源泉充分涌流的局面”。③佛山科学技术学院马克思主义学院胡庆亮副教授把国家治理的主体概括为党政机关、公民个体、社会组织、大众传媒、参政党、企业组织等六个方面，其中党政机关是国家治理最重要的主体，包含内环、中环和外环，内环主要指党政机关，也包括公安、司法、军队等部门；中环主要指企事业

① 王臻荣．治理结构的演变：政府、市场与民间组织的主体间关系分析[J]．中国行政管理，2014（11）：56-59.

② 陈金钊，俞海涛．国家治理体系现代化的主体之维[J]．法学论坛，2020（3）：19-28.

③ 辛向阳．推进国家治理体系和治理能力现代化的三个基本问题[J]．理论探讨，2014（2）：27-31.

单位，包括大型国有企业和国有银行的管理者、政府智囊和科研教育机构的高级人员、国家媒体的负责人。外环指诸多半官方或有官方背景的组织和团体，它们属于权力的最外围。胡庆亮认为中国共产党的自身转型是达成这一任务的关键，其他社会主体的广泛参与则是重要的保障条件。[①]南京航空航天大学肖杰助理研究员指出，国家治理的主体应该包括中国共产党、政府、市场组织、社会组织和公民个人，其中中国共产党在国家治理中起着领导核心的作用。想要提高多元共治的能力，则需要坚持中国共产党的领导、优化政府治理能力、强化市场治理能力、增强社会治理能力、提高公民个体治理能力。[②]浙江大学马克思主义学院百人计划（文科）包大为研究员从更宏观的视野提出，中国人民是国家治理的“治理主体”，中国共产党是国家治理的“责任主体”，只要中国人民作为“治理主体”的地位得到不断的巩固，中国人民改革攻坚的能动性和创造力就能够被不断激发，只要中国共产党作为责任主体的领导地位被不断加强，现代中国走向伟大复兴的方向就无比坚定。[③]

学者们对改革开放后我国国家治理从政府一元主体转向多元主体共治的研究取得丰硕成果，但不管是“两种主体论”“三种主体论”“四种主体论”或者“多种主体论”，研究者均把政党、国家、市场、社会（社会组织）、个人中的某些方面看作是国家治理的主体，如有学者把中国人民看作是国家治理的“治理主体”，把中国共产党看作是国家治理的“责任主体”，也有学者把政府、市场、社会看作是国家治理的主体，还有学者把政党、政府、社会、个人都看作是国家治理的主体。总

① 胡庆亮．推进国家治理体系现代化的逻辑与理路：从党政二元一体到主体多元共治[J]．求实，2015（9）：12-17．

② 肖杰．新时代我国国家治理的多元化主体及其能力提升路径[J]．求知，2019（1）：29-31．

③ 包大为．从创生到创新：现代中国国家治理主体的历史逻辑[J]．求索，2020（3）：25-33．

体来看，都离不开“政党、国家、市场、社会（社会组织）、个人”的范围，研究者的学科不同、出发点不同、理论框架不同，关注的主体自然不同，提出的国家治理主体现代化的实现路径也就不大相同。研究者对国家治理不同主体的研究和关注从不同方面推动了国家治理研究的发展，从主体方面拓展了研究的视野和思路。

（七）从党政机构改革的角度研究国家治理效能

学界普遍认为国家治理现代化问题的探讨，需要结合“党政机构改革问题的研究”，国家治理现代化很大程度体现在党政机构改革的成效上，因此当进一步研究新时期的党政机构改革。从现有研究成果来看，围绕党政机构改革研究国家治理现代化的学者颇多且探讨的角度多元，学者们不仅注意到了党政机构改革的历史沿革及整体变迁，也观察到了党政机构改革进程中的具体操作规范问题，达成了“党政机构改革是国家治理现代化的重要内容”之共识，但研究的成果及观点多为不同视角的单一化解释。

有学者从我国党政体制的改革进程上进行宏观探讨，其中重庆旅游职业学院宋玉波教授、西南政法大学博士研究生黄锟认为“以党和国家机构改革为主要内容的党政体制改革，是着眼于实现全面深化改革总目标的制度安排，是推进国家治理体系和治理能力现代化的一场深刻变革，以治理的决策、执行和监督功能为视角总结党政体制改革经验，可以不断优化今后的党政体制改革路径，为实现国家治理现代化、提升治理效能提供有益借鉴。”[①] 华南理工大学社会治理研究中心文宏主任则总结了改革开放前后 12 次代表性政府机构改革，结合机构改革的现实情境，纵向考量我国机构改革的历史沿革，立足政府改革与历史情境的相

① 宋玉波，黄琨．党政体制改革的探索与优化[J]．上海行政学院学报，2020（1）：13–22.

互关系，以机构改革的内在逻辑为着眼点，聚焦机构改革的发展趋势，系统梳理历次改革的内容，从机构改革动力、改革内容、推进方式、改革路径这四个方面，梳理历次党政机构改革的核心内容，分析阐述机构改革的内在机理，挖掘实验主义与整体设计治理下历次机构改革的核心内容及内在机理。[①] 中央机构编制委员会办公室电子政务中心原主任左然、中信证券股份有限公司左源经理认为“在推动体制转轨、社会转型、经济发展和社会进步的历史进程中，机构改革取得了公认的成就，但是改革的妥协性和管理随意性，使机构改革难以走出‘精简与膨胀’的帕金森定律的陷阱。对机构改革经验和缺陷的正确总结，将使我国扬长避短，启迪我国不断完善今后的机构改革思路，为实现中华民族伟大复兴的历史任务提供坚强有力的体制机制保障。”[②]

党政机构改革的重要环节之一在于党政合署办公。针对这一点，中央财经大学法学院刘权副院长指出，“我国合署办公的实践模式，主要可以分为党、政机关合署办公、行政机关合署办公和内设机构合署办公三种类型。当前合署办公改革存在和可能出现的突出问题包括合署办公标准不统一，存在各自为政的情况，可能导致党政合一、权责不清、监督无力。探索党政机关合署办公改革，应在法治轨道下科学推进，正确区分‘合并设立’与‘合署办公’，充分发挥地方合署办公改革的积极性与首创性，健全合署办公内部监督制约机制，实现合理的党政分工，努力建设高质量的服务型法治政府。”[③] 中共四川省委党校四川行政学院社会和文化教研部张立哲副主任指出，“党政合署机构改革要秉持“积

① 文宏．从实验主义到整体设计：2018 年党政机构改革的深层逻辑分析 [J]. 学海，2019（2）：52-58.

② 左然，左源．40 年来我国机构改革的经验和启示 [J]. 中国行政管理，2018（9）：52-57.

③ 刘权．党政机关合署办公的反思与完善 [J]. 行政法学研究，2018（5）：39-49.

极稳妥、循序渐进、成熟先行”“精简、统一、效能”“职能、差异、系统”的基本原则，在深化改革方面坚持上下同步，在能力提升方面坚持协同作用，在组织制度方面坚持立法规范，为提升国家治理体系和治理能力现代化水平奠定基础。”①而中共英德市委原副书记马家庆基于对广东清远市委办公室和市政府办公室实行合署办公，在精简人员机构、提高工作效率、优化服务质量等方面的成效进行归纳分析，厘出了较为详细的党政合署办公创新机制。②

关于党政体制建构方面，中共四川省委党校四川行政学院社会和文化教研部张立哲副主任认为“党政合署体制得以推进主要基于两大因素：一是国家机关在实践中碎片管理、职责同构、权力失范等问题严重制约组织运行；二中央通过党政合署加强党在国家机构中政治、思想和组织领导，彰显出‘提升国家治理体系和治理能力现代化水平’的战略定力和改革决心。”他还指出党的工作机关已正式纳入机构改革一体化轨道，党政合署体制重构向系统性、整体性、协同性推进。当前应当坚持依法治国和依规治党的有机统一，致力于建立‘精简、统一、效能’的组织结构。③暨南大学公共管理学院颜昌武教授认为“中国共产党作为中国现代国家建设的领导核心，内嵌于国家权力体系中，并与之形成‘两位一体’的治理结构形态。党政体制下的中国行政国家建设以公共权力的制度化为基本路径，以理性化的官僚体系为组织载体，充分彰显了使命型政党的政治担当与政治智慧，也充分展现了理性官僚制的科层

① 张立哲．推进党政合署机构改革的基本遵循[J]．领导科学，2018（20）：29-32.

② 马家庆．创新办公室体制 服务科学发展：广东清远市委、市政府两办合署办公的做法和经验[J]．秘书工作，2009（2）：11-12.

③ 张立哲．论党政合署体制重构的基本问题与具体路径[J]．理论月刊，2018（6）：5-13.

特色与专业优势。”①

此外，也有学者从党政关系理论上对党政机构改革进行探讨，以此稀释出促进国家治理现代化的路径。中共重庆市委党校（重庆行政学院）党建教研部崔言鹏讲师、中共中央党校（国家行政学院）高新民教授认为，“党政关系问题是中国特色社会主义建设的重要问题，其调整与改革是我国政治文明建设的核心内容。党的十八大以来，以习近平同志为核心的党中央坚持党的全面领导，以国家治理体系和治理能力现代化为导向，以推进党和国家机构职能优化协同高效为着力点，不断推进党政关系现代化，把中国特色的党政关系构建推向了新的高度。理顺思路，提高认识，坚定不移地构建中国特色党政关系。”②

综上可知，这些学者围绕党政机构改革来探讨国家治理现代化的研究成果较为丰富，无论是党政体制改革进程宏观分析、党政合署办公、党政体制建构，还是从党政关系理论上对党政机构改革进行探讨，诸多学者均在各自的学科及领域中进行了细致的分析，并较为明晰地整理出解决现实问题的路径或方案，这为本研究的深入开展奠定了基础，拓展了研究的思路。但从应用性上看，当前的研究成果未能对党政机构改革的机制、要素、重点、难点、关键主体等内容进行融合性研究，问题焦点、文章论点及解决方案的通用性及适用性有待于进一步强化。

（八）从中国共产党执政能力的角度研究国家治理效能

多位学者认为，研究中国的国家治理，要着重分析中国共产党的本质、特征、发展史及现代转变，不仅如此，更要强化对中国共产党建设，尤其是执政能力建设的探讨。从现有的研究看，部分学者主要关注

---

① 颜昌武．党政体制下的中国行政国家建设：特色与路向 [J]. 暨南学报（哲学社会科学版），2019（7）：37-45.

② 崔言鹏，高新民．中国特色党政关系构建的理论背景、历史进路和新趋势 [J]. 理论导刊，2018（8）：4-12.

了中国共产党执政经验的总结，包括执政进程的缺陷、成效、具体措施、重大转变等，一定程度上总结出了中国共产党的执政经验，整理出了不同时期中国共产党战略部署的现实依据与历史参照；也有学者注意到中国实际情况与中国共产党执政可行性的逻辑关系，并对此进行了较多的探讨，这给当下“中国之治”的理论建构及现实推行提供了一定的知识基础。从中国共产党执政能力的提升研究国家治理的学者论述，大体可以划分为以下几个方面。

首先是从党的建设与国家治理现代化的关系来看，多位学者认为加强党的建设，如党的思想建设、组织建设、制度建设、作风建设等，就是国家治理现代化的核心目标。上海交通大学马克思主义学院程竹汝教授结合“四个伟大”进一步探析了“中国共产党执政伦理”，认为四个伟大深刻蕴含中国共产党的执政伦理。伟大梦想蕴含党的使命伦理，伟大斗争和伟大事业蕴含中国共产党的责任伦理，伟大工程深刻蕴含中国共产党的主体（组织）伦理，这三者也是中国共产党执政伦理的基本内容。①

其次是关注执政能力与国家治理现代化的辩证关系。湖南师范大学徐晨光教授认为治理现代化给中国共产党提出了更高的要求，认为“中国共产党如何保持党的先进性纯洁性，如何保持党同人民群众的血肉联系，如何做到长期执政，如何在治理现代化过程中不断提高党的执政能力，是新时代党的建设的新课题，也是推进国家治理体系和治理能力现代化的重要保证。提高党的治理能力，必须强化规矩意识，提高依法执政能力；强化制度意识，提高依规治理社会能力；强化法治意识，提高依法治理国家能力；强化执行意识，提高抓落实能力。”② 中国人民解放

① 程竹汝．论新时代“四个伟大”与中国共产党执政伦理［J］．中共中央党校学报，2018（2）：5-11．

② 徐晨光．强化“四个意识”提高党的治理能力［J］．湖南社会科学，2020（3）：1-5．

军南京政治学院马克思主义学院孙岩副教授、中国人民解放军南京政治学院马克思主义学院硕士研究生王瑶基认为，“党的执政能力建设是实现国家治理现代化的重要战略保证，国家治理现代化的战略目标对党的执政能力建设提出了新的要求。”① 华东师范大学马克思主义学院齐卫平教授在对近现代中国政治发展的内生性逻辑演绎出的国家与执政党的关系特点分析上，认为“推进国家治理能力的现代化与提高党的建设能力的科学化具有内在统一的逻辑关系”。②

再次是对中国共产党执政经验、执政成效的分析。四川大学马克思主义学院黄金辉教授基于对新世纪以来中国共产党执政能力建设的新举措及其成效的总结，认为国家治理体系与治理能力现代化的实现，很大程度上取决于执政党的执政方式和执政能力。③ 辽宁师范大学史艺军教授、辽宁师范大学博士研究生张笑雨、河南科技大学马克思主义学院纪中强教授则主要以改革开放以来作为执政成效及基本经验研究的时间段，他们认为改革开放以来，中国共产党领导人民在总结社会主义革命和建设时期经验教训的基础上，坚持解放思想、实事求是、一切从实际出发，深刻揭示了社会主义的本质，坚定不移地走中国特色社会主义的发展道路，不仅创造了世界经济发展史上的奇迹，而且在政治、文化、社会和党的自身建设等方面取得了举世瞩目的执政成效。指出党在提高执政成效方面的基本经验包括：坚持把改革作为党提高执政成效的根本动力；坚持把实现最广大人民的根本利益作为党提高执政成效的基本价

---

① 孙岩，王瑶．国家治理现代化与党的执政能力：中国的逻辑 [J]. 广西社会科学，2016（6）：32-35.

② 齐卫平．论国家治理现代化与执政党建设科学化的内在统一 [J]. 思想理论教育，2014（10）：4-9.

③ 黄金辉．新世纪以来中国共产党执政能力建设的新举措及其成效：以推进国家治理体系与治理能力现代化为视角 [J]. 四川大学学报（哲学社会科学版），2015（2）：94-102.

值取向；坚持把加强党的建设作为党提高执政成效的核心要素；坚持把遵循执政规律作为党提高执政成效的前提条件。①

最后是对中国共产党执政能力的困境及策略分析。哈尔滨工业大学王艳珍教授、绵阳师范学院颜俊儒研究员着重分析了中国共产党执政能力与国家发展需求的逻辑关系后认为，“目前，影响全面从严治党效能提升的因素很多，致使这项工作的实际效果离国家治理现代化的要求有很大一段距离。有鉴于此，中国共产党务必要重塑治党的价值取向，完善治党的内容体系，整合创新治党的网络方式与其他途径，充分调动治党的主体力量，营造好治党的环境，健全治党的评估督察机制，以此建构起全面从严治党效能提升的长效机制，从而不断提升党治国理政的能力。”②

二、国外研究现状

国内学者对国家治理问题的研究主要集中在党的十八届三中全会提出国家治理体系和治理能力现代化的课题，但是国外学者关于治理的一般理论已经有很多深入的研究，形成了比较丰硕的成果。此外，国外学者对中国模式的治理以及对中国国家治理的评价等都给予了很大的关注，提升了国内学者对国家治理问题的认识。

（一）治理的概念

治理在西方的语境中的含义与在中国语境中的含义有很大差别，西方的治理指的是在特定范围内行使权威，在利益分化的情形下谋求共识

① 史艺军，张笑雨，纪中强．改革开放以来中国共产党取得的执政成效及基本经验[J]．广东行政学院学报，2017（1）：50-53.

② 王艳珍，颜俊儒．国家治理现代化视域下全面从严治党效能提升的路径研究[J]．理论探讨，2016（3）：132-135.

以便实施某项计划，达到维护秩序或者经济社会发展的目的。①20世纪80年代，世界银行描述非洲的发展情形为“治理危机”，从那时开始，西方的人文社科类的学者开始大量采用“治理”一词。自此以后，治理问题成为西方学者关注和研究的热点问题，各种研究成果大量涌现。从治理的概念就可以看到西方治理理论的纷繁复杂。英国思克莱德大学格里·斯托克教授从五个方面对治理作出规定：一是“不限于政府的一套社会公共机构和行为者”；二是“为社会和经济问题寻求解答的过程中存在的界线和责任方面的模糊之点”；三是“明确肯定涉及集体行为的各个社会公共机构之间存在的权力依赖”；四是“行为者网络的自主自治”；五是指政府动用新的工具和技术来控制和指引以办好事情。②库伊曼和范·弗利埃特认为，治理不是由外部权力强加的，它是要依靠多种手段进行统治以及互相发生影响的行为者的互动发挥作用。③福山则认为，治理就是政府制定和实施规则以及提供服务的能力。④关于治理的基本概念的观点就有很多种，在基本概念上搭建起来的治理理论更是极为丰富。

（二）对中国治理模式的研究

国家治理是国家政治生活中根本性的问题，是包含价值观念和客观事实的综合体，是一个国家实践活动的过程和结果。治理在每个国家的实践不同，就会产生不同类型的治理模式，即国家在进行治理时对国家的稳定和发展做出的一贯性的，持续性的政策。中国自改革开放以来取

---

① 阿尔坎塔拉．“治理”概念的运用与滥用[J]．国际社会科学杂志（中文版），1999（1）：105–113.

② 斯托克．作为理论的治理：五个论点[J]．国际社会科学杂志（中文版），1999（1）：19–30.

③ 俞可平．治理与善治[M]．北京：社会科学文献出版社，2000：3.

④ 俞可平．中国国家治理：第4辑[M]．北京：中央编译出版社，2013：5.

得的重大成就使其国际地位显著提高，取得这些成就的背后是国家治理体系和治理能力的现代化以及治理效能的不断提升，因而中国的国家治理模式也必然成为国外学者关注的焦点问题，他们对中国国家治理的传统思想、现代变革、发展趋势、时代特点等问题做出了深入的探讨，形成了丰硕的研究成果，对国内学者的研究提供了很多有裨益的启示。

从西方语境出发，国外学者对中国治理模式的代表性观点主要有：一是精英治国模式，如剑桥大学政治与国际关系学院马丁·雅克资深研究员认为，中国共产党的领导是一批讲求专家治国的精英，党的任务就是治理国家。① 二是直接治国模式，即中国共产党领导嵌入国家治理的各个方面各个环节，直接通过价值引领、组织推动等方式直接治理国家，而不是像西方国家一样的“间接治理”模式。美国纽约大学政治系熊玠教授提出，中国共产党是国家治理体系的中心和灵魂，在国家治理中居于主导地位，在整个国家中扮演“直接治理”者的角色，依据设定的国家整体目标，经党内外专家反复讨论研究，以制定计划和政策。② 三是改革的治理模式。改革开放是决定中国命运的关键一步，改革也成为国家治理最明显的特征，中国通过改革的方式使国家治理充满生机，因而效能显著，经济社会发展速度质量都有很大提升。这区别于改革开放前的革命治理模式，有些学者认为中国国家治理模式是一种“从革命到改革的治国模式”，如美国布鲁金斯学会约翰·桑顿中国中心李侃如主任通过深入分析经济发展、政府管理体系以及机遇与挑战等问题，认为改革开放以后，中国的国家治理实现了从革命向治理的转变。③

① 雅克.当中国统治世界：西方世界的衰落和中国的崛起[M].张莉，刘曲，译.北京：中信出版社，2010：182.

② 熊玠.大国复兴：中国道路为什么如此成功[M].李芳，译.武汉：湖北教育出版社，2016：119-127.

③ 李侃如.治理中国：从革命到改革[M].胡国成，赵梅，译.北京：中国社会科学出版社，2010：92.

（三）对中国国家治理能力的研究

国家治理能力是国家治理效能实现的根本，是衡量国家治理主体结构、功能的合理性及资源动员、配置能力的重要体现。改革开放40年来中国在各个方面取得的巨大成就很好地说明了中国共产党国家治理能力的强大。那么，如此强大的能力是怎样形成的，自然引起了国外学者的高度关注。

为什么改革开放以来中国国家治理能力有如此强大的提高，以下几种观点比较有代表性：首先，有学者深入描述中国国家治理体系的特征，从而说明中国国家治理能力的强大。美国学者乔舒亚·雷默在《北京共识》的报告中提出，中国的国家治理遵循三个基本原理：创新的价值定位，通过不断地创新推动中国经济高速发展；把发展重心落在人民生活质量的提升上；反对霸权主义，为发展创设和平环境。正是由于坚持了这三个基本的准则，中国国家治理能力才会如此强大。其次，有学者从政治合法性的角度解读中国的国家治理能力，一个政党获得政治合法性是有效治理的前提，而治理效果反过来加强了政治合法性，两者互相促进，良性互动，中国的国家治理过程就表现出了这种良性互动的过程。美国波特兰州立大学政治科学系布鲁斯·吉利认为中国是通过不断地制度变迁和制度绩效，使得中国的政治领导层获得了合法性。[①]最后，还有部分国外学者把中国国家治理能力强大的原因归结于制度特性。

三、对已有研究的述评

综合国内外的研究可以发现，学术界对国家治理的概念、内涵外延、主体客体、结构功能、目标手段、传统理论与现代实践、西方理念

① GILLEY B. The Right to Rule：How States Win and Lose Legitimacy[J]. Politicalence Quarterly，2009（1）：163-165.

与中国方案等诸多问题都有深入探讨，提出了多种实现国家治理现代化的方案。通过对已有成果的统计分析可以发现，一些学者推进国家治理现代化的研究更多地集中在了制度逻辑和治理能力逻辑，就制度逻辑而言，一些研究者提出制度是国家治理的根本，只有让制度更加系统更加完善更加全面，才能促进国家治理现代化。而从治理能力的逻辑而言，研究者提出要增强国家的各种能力，以此来促进制度能够被很好地实施进而实现制度效能。这些研究无疑为后续的研究提供了诸多新材料、新观点、新方法，成为后续研究必须借鉴和正视的问题。

实际上，国家治理是一个复杂的过程，是国家治理主体与客体的统一，是国家治理历史维度与现实维度的统一，是国家治理理论与实践的统一，是国家治理目标与工具的统一，是国家治理自发与自觉的统一，是国家治理个人与集体的统一。如果单单从制度的构建和完善，以及制度的执行层面来理解和认识国家治理，就会过于浅薄，很难准确把握国家治理活动的内在规律。实际上，制度的制定和被严格遵守、执行只是国家治理效能实现的其中一个环节，国家治理效能的实现是一个范围更广、更系统的工程。想要正确理解制度优势转化为国家治理效能，寻找其真实的内在逻辑和正确的实践路径，就要从更高的层面、更全面的视野考察国家治理效能的实现机制。很多学者也意识到，要从国家治理的效能实现的维度来理解国家治理活动，寻求国家治理现代化的新方案，“推进国家治理体系和治理能力现代化，实现国家治理效能新提升，是一项复杂的系统工程，需要在治理环境、治理目标、治理格局、治理方式、治理工具、治理能力、治理评价等方面综合发力。”[①] 虽然有了这样的意识，但是从马克思主义的基本原理出发，构建国家治理效能实现的理论体系，研究新发展阶段提升国家治理效能的困境从而探寻一种新的

① 靳诺.把我国制度优势更好转化为国家治理效能[N].人民日报,2021-01-13(9).

出路，有关这样的研究还是很少，这也为本研究提供了一个可以努力的方向。

第三节　治理研究的学科贡献及其价值

一、研究的理论价值和现实意义

（一）研究的理论价值

国家治理体系和治理能力现代化最重要的标志就是国家治理效能的实现，国家治理效能是一个动态的过程，涉及制度、制度运行、价值、目标、手段、衡量标准等一系列国家治理的重要方面。研究的理论价值主要有以下三点。

一是明确阐述国家治理效能的概念，为“制度优势转化为国家治理效能”“国家治理效能得到新提升”等战略举措的制定奠定理论基础。概念是构建理论的支撑，对核心概念的理解是否正确关系到在理论和现实上对国家治理效能实现的认识是否充分。近年来，政治学、管理学等学科的学者对“国家治理绩效”“国家治理能力”和“国家能力”等概念给予了前所未有的关注，提出了一些新观点和新思路。但是，如何从马克思主义理论的视野理解国家治理效能，如何把握其内核与边界，如何认识其价值和意义，如何看待国家治理效能对于新时代中国特色社会主义的深刻意义，要想解决这些问题，只能从国家治理效能的基本概念出发，明确阐述国家治理效能的深刻内涵。

二是对马克思主义国家治理理论的丰富和发展。马克思和恩格斯没有明确提出国家治理的理论，但是在他们所著述的经典著作中，有着丰富的国家治理思想，深入挖掘马克思主义国家治理思想并不断赋予其时代内涵，是当代中国发展马克思主义理论的一个重要方向。马克思主义是站在时代前沿的学说，是一个不断发展的开放的理论体系，要想在21世纪不断推进马克思主义的发展，必须跟中国的实际相结合，必须跟中国特色社会主义的伟大实践相结合，也必须跟中国国家治理体系和治理能力现代化相结合。

三是构建中国特色国家治理理论的话语体系，使“中国之治”的理念和模式在世界范围内被广泛认可，并能为其他国家提供借鉴和参考，打破西方国家治理理念和治理模式唯我独尊的格局。西方国家治理理念和模式在一定的历史发展阶段发挥了独特的作用，但是也存在着固有的缺陷和矛盾，如阶级局限性无法处理利益分化带来的社会分裂等。如何把实践成果转化为理论成果，进而转化为话语体系，解决这个问题是十分有意义的。

（二）研究的现实意义

首先，为提升国家治理效能的研究跳出固定思维模式，提供了解决中国长期以来存在的国家治理困境的有效方法和途径。中国国家治理的困境，有由于长期的封建文化束缚而形成的，有由于西方个人主义、自由主义等价值观渗入而导致的，还有一些体制机制造成的障碍，这些都是用传统的观念看问题，只有跳出这个思维的禁锢，从国家治理效能实现的视角入手，才有可能找到解决这些困境的办法。

其次，研究如何提升国家治理效能是应对和解决治理新风险的关键。随着中国特色社会主义进入新时代，以及科学技术的发展，特别是人工智能、互联网、大数据等技术的应用，使得国际环境不断变化，国家治理面临诸多挑战，亟需效能研究，指引国家治理实践。

最后，研究提升国家治理效能问题是推进治理现代化的必由之路。对国家治理效能的研究能为中国特色社会主义国家治理提供理论支撑、实践指引，为实现“两个一百年”奋斗目标奠定基础。

二、研究思路和研究方法

（一）研究思路

第一步，阐明概念。明确国家治理效能在国家治理体系和治理能力现代化中的重要作用，并阐明国家治理效能的概念，通过对这些概念的阐述，为后面的理论构建和调查研究奠定思想基础。

第二步，揭示理论逻辑。即从马克思主义的基本原理出发，探寻马克思主义关于国家治理的原理和规律，赋予其时代内涵和实践特性，挖掘其时代价值，为国家治理效能实现的理论构建奠定理论基础。

第三步，揭示历史逻辑。阐明国家治理效能实现的历史逻辑，目的是总结历史经验，揭示历史规律，把握历史发展趋势，探寻新发展阶段提升国家治理效能的历史密码。

第四步，阐明实践路径。即在揭示国家治理效能理论逻辑、历史逻辑以及调查研究揭示的困境的基础上，为中国国家治理效能的提升寻找具有针对性、实效性、可操作性的现实路径。

（二）研究方法

一是文献研究法。文献研究法是考察历史和把握学术前沿的重要研究方法。本文主要运用文献研究法，根据本研究的目的和任务，通过大量地查阅相关文献资料，包括马克思主义经典作家的著作、中央领导人的专著、党和政府的文件以及相关学术研究成果等，从而获取研究资料。同时收集整理党的十八届三中全会、党的十九大、十九届二中、三中、四中、五中全会的相关资料以及习近平总书记的有关讲话内容作为辅助资料，实现范围更广、参考价值更大、时效性更强、专业更齐全的文献数据。运用文献分析与典型分析相结合的方法，对占有的资料进行梳理并加以分析，力图梳理出中国特色国家治理发展的理论逻辑和历史逻辑。

二是比较分析法。采取横向比较与纵向比较相结合的方法，为国家治理效能实现提供历史借鉴和文明互鉴，对不同历史时期国家治理的时代条件、构建路径、思想基础、价值目标和构建程度等方面，进行深入的纵向比较研究，深入剖析其内在逻辑，总结构建规律。

三是历史与逻辑相统一的方法。在总结历史进程中发现国家治理效能实现的内在规律，在掌握国家治理效能实现的内在规律的基础上把握其未来发展趋势。

四是多学科研究方法的融合。当代各门学科之间交叉渗透的趋势愈发明显，综合不同学科的专业知识以形成新的观点，或是采用一种或多种学科的方法论，进行所研究领域的深入拓展，这种学科协同理念已经基本达成共识。通过多种学科知识的融合，以及跨学科的研究视角与研究方法，有利于拓展研究的广度和深度，获得新的知识和新的成果，是当前开展创新性研究的主要方法。本研究以马克思主义方法论为指导，融合了政治学、管理学、社会学等多种学科的研究方法，从不同学科的研究视角对国家治理效能的认识关注点不尽相同，而在不同学科的研究方法理论下对国家治理效能又提出各具特色的解决路径，使课题的研究更加客观，更加全面。

三、研究创新点

第一，视角创新。关于国家治理现代化，诸多研究更多是从制度和治理体系的完善发展以及制度能够被严格执行的路径展开探讨。本研究从制度的效果，即国家治理效能的角度来研究国家治理问题，不仅考虑了制度和制度执行的问题，还考虑了国家治理主体的问题、社会意识、历史文化传统、治理环境等问题，不管在广度还是深度上都拓展了关于国家治理的研究。

第二，提出一些新的观点。阐明了中国特色国家治理理论的超越性。中国特色国家治理理论是马克思主义国家治理思想的超越，实现了对传统国家治理理论的时代超越，对西方国家治理理论的阶级超越，对苏联国家治理理论的模式超越，实现了价值与真理的统一。

第三，全面阐明了国家治理效能提升的基本路径。新的发展阶段要提升国家治理效能，就要从政治前提、制度保障、基本方式、治理主体结构、制度执行环境等方面来考虑。

第二章　国家治理效能的概念辨析与时代内涵

国家治理具有历史发展阶段性，不同时期的国家治理必然会有不同的内涵，新发展阶段国家治理也必然有其独特意义。不管是构建和完善国家治理体系还是提高国家治理能力，其终极目标都是提升国家治理效能。在探究如何提升国家治理效能之前，首先要明确的是国家治理效能的内涵外延，新发展阶段对国家治理效能有何要求，国家治理体系和治理能力与国家治理效能之间存在何种逻辑关系。只有把这些问题理清楚，才能展开对提升国家治理效能这个议题的探讨。

第一节　国家治理效能的基本概念

厘清国家治理效能的概念是深入探讨国家治理效能实现的基本前提，国家治理效能由“国家治理”和“效能”两个词组组成，要深刻理解国家治理效能，还必须从“国家治理”和“效能”这两个元素的基本概念出发，探寻它们各自所表述的意义及二者组合起来后所形成的深刻内涵。

一、国家治理的概念

在《现代汉语词典中》，治理一词包含两层意思：一是指统治，使之有序，如治理国家；二是指整修、改造，如环境治理、综合治理。国家治理则是一个宽泛的概念，在不同地域不同历史阶段具有不同的涵义。研究中国国家治理效能的实现，必须研究当代中国语境下的国家治理。首先，国家治理与国家统治、国家管理的内涵是截然不同的，国家治理不是国家统治、国家管理的升级版，不管是主体、理念还是具体的运行方式，三者之间的差别都很大，必须厘清国家统治、国家管理和国家治理之间的内在关系。其次，西方视野下的国家治理概念与中国国家治理概念在很多地方是不尽相同的，甚至是互相冲突的，必须摆脱那种从西方国家的视野观照中国国家治理的方法；最后，当代中国国家治理是在中国传统的国家治理思想底蕴上形成的，但当代中国国家治理的概念又有很多时代的因素，与传统国家治理的概念内涵又不尽相同，必须辨析二者的关系。

要深刻理解国家治理的内涵，必须从与国家治理相关的国家统治、国家管理概念出发，通过探寻这三者的异同点，凸显国家治理内涵的独特性。国家是阶级统治的工具，在阶级社会中，统治阶级运用国家机器，如政府、警察、军队等对被统治阶级进行的统治，采用各种手段对另一个阶级所实行的控制和压迫，就是国家统治。因此，有国家的存在必然会有国家统治的存在。国家统治的目的是维护统治阶级的利益，客观上要求统治阶级通过各种途径和方式保障社会基本秩序，寻求国家发展，在某种意义上来说与国家管理、国家治理的目标相一致，但是国家统治更多的是一种政治统治，实现的是一种政治功能，无论是在奴隶国家、封建国家、资本主义国家还是在无产阶级专政的国家，国家统治都是存在的，但无产阶级专政的国家统治与建立在私有制基础上的国家统治是有本质区别的。

与国家统治具备极强的政治属性不同，国家管理更多地与生产力提高、经济发展、社会进步联系起来，在这个过程中国家或者统治阶级是居于管理者的地位，因为在国家存在的阶段使国家权威消失的经济关系和社会关系并没有消失，国家的职能不仅是维护社会的管理职能，还包括政治职能。国家管理是跟权威、权力、服从等联系在一起的，与国家统治相比，国家管理的经济社会功能更加强大。早期的社会主义发展史是与国家管理紧密相伴的。俄国十月革命的胜利使社会主义实现了从理论到实践的飞跃，国家管理也成了无产阶级政党的重要任务，列宁就曾经指出，从富人手里“夺回俄国”是重要的任务，但更重要更艰难的任务还在后面，即“管理俄国”，要用与革命斗争所不同的新方式去建立人民的经济基础，只有完成了“管理俄国”的任务，才能说社会主义在俄国取得胜利。毛泽东则要求要管理好中国：“中国已归人民，一草一木都是人民的，任何事情我们都要负责并且管理好，不能像踢皮球那样送给别人去。”[①] 他还把管理和领导并列起来，提出要“巩固财政经济工作的统一管理和统一领导”[②]。邓小平对于国家管理有着深刻的见解，他说：“管理两个字很重要，管理好不好大不一样”，他围绕国家管理中的经济建设问题提出把领导与管理辩证统一起来，认为要实现四个现代化，必须“把集中领导与民主管理结合起来”。

如果说国家统治和国家治理强调的是主体的一元性，权力运行方向的单向性，运行方式的强制性、直接性，那么国家治理则表现出主体的多元性、权力运行的多向度及运行方式的间接性和非强制性，即各种权利主体间的关系更多体现出协商和妥协的性质。这是因为，在国家统治和国家管理的作用下，社会各类资源已经被统治阶级所掌控，国家统治秩序正常化，在统治阶级划定的范围内，市场和社会力量日渐成熟，国

① 中共中央文献研究室．毛泽东文集：第七卷[M]．北京：人民出版社，1999：9.
② 中共中央文献研究室．毛泽东文集：第六卷[M]．北京：人民出版社，1999：42.

家的职能更多地从维持统治、维护秩序向提供社会公共服务方面倾斜，因而也更加强调国家的治理功能。

国家治理与国家统治、国家管理并不是全然矛盾的，三者共同存在于国家运行的过程中。一个国家要良性运行及协调发展，这三者缺一不可。没有国家统治，统治阶级的利益无法得到保证，国家就会丧失存在的阶级基础和价值基础。例如，在社会主义国家，无产阶级的利益得不到根本保证，无产阶级专政没有保障，这个国家就不会成为社会主义国家。没有国家管理，国家的经济资源、政治资源、文化资源不掌握在统治阶级的手中，国家的生存都会存在很大问题，更不用说国家的发展了；没有国家治理，国家就会与社会、政府和人民处于对立的地位，各方力量发力方向不同，彼此消减，内耗严重，不能共同参与到国家建设中，国家的发展也是没有条件的。可见，国家统治、国家管理、国家治理在国家运行中都有存在的必要性，但是三者又有很大不同，国家统治侧重的是国家的政治功能，国家管理是领导功能，国家治理注重的是引导功能。

国家治理的概念具有地域性，治理在西方文化背景中与在中华文化形态下的内涵具有明显的不同。在西方的文化背景下，治理更多倾向于国家和社会组织对公共事务的把握和控制，是国家、公共组织甚至私人机构运用正式的或者非正式制度协调利益，提供公共服务的过程。西方国家的治理理念是“善治”，“善治”很多时候被定义为治理主体多元化、治理目标公共化、治理规则法治化、治理环境复杂化、治理方式多样化。西方国家的治理理念与中国很大一点不同在于，中国的国家治理更多倚重于国家与政府的力量，更多依靠官僚体系来维持国家的运行，而西方的“善治”理念没有特定的中心，或者是由多个中心，更多的是依靠发挥社会上的各种力量来实现国家治理，因而有着“多中心主义”和“社会中心主义”的烙印。可见，不同地域，不同文化背景下的国家治理具有明显不同的内涵。

国家治理的概念还具有历史阶段性，中国传统社会的国家治理概念与当代中国的国家治理概念也明显不同。中国传统文化中的国家治理思想，包括四个方面的内涵：一是表示管理、统治，即表示一种国家的行为，国家行为的实质是封建统治阶级对农民阶级的统治；二是治国理政的绩效，即封建统治阶级通过特定的国家行为所取得的成就，如“天下大治”等，就是表示国家治理的绩效；三是治国理政规律和道理，传统封建社会的很多帝王之术、为臣之道都是治国理政的道理；四是对某类事务的整修整顿，如治理官吏、治理河流、治理某一个地方等。

不同时空背景下的国家治理并不是绝对分隔的，当代中国国家治理理论与传统国家治理理论，西方国家治理理论存在着批判吸收与借鉴的关系，在治理理念、治理目标、治理方式、治理制度、执行机制、监督机制等方面都有很多相似的地方。当代中国国家治理理论在吸收借鉴传统国家治理理论，西方国家治理理论优秀成果的基础上，结合时代特征和现实实践，不断发展新的国家治理理论。

二、效能的定义

要理解国家治理效能，首先要明确效能的内涵外延，本质与边界。《大辞海：词语卷》对效能的解释有两层意思：一是作为动词，指行为主体为组织、他人或某个特定目标“效力”，即“贡献才能”；二是作为名词，指“事物所蕴含的有利的作用”。从辞典的解释可以看出，效能是要有特定目标的，选定这个目标很重要，这是“贡献才能”的前提。有了正确的目标，还要有合适的手段，选择合适的科学的方式方法和手段是实现效能的根本保障。效能的实现对群体、组织或者国家是起到正向的作用和效果。

效能这个词最初是物理学的用语，应用于社会科学首先是用来表述企业的绩效，即企业效能。企业效能有两个维度，一个是效率，即完成目标所需要的时间成本；二是效益，即完成目标所需要的现实性的投入与产出的比例。企业的效率、效益、效能是有一定的联系，但并不是正相关的，效率高不代表效益高，效益高也不代表效能高。

效能的适用范围不断扩大，从企业扩展到一般组织。美国学者彼得·德鲁克明确区分了效能与效率，认为，效能是指选择适当的目标并实现目标的能力，或者可以说组织效能是组织实现其目标的程度。按照德鲁克的说法，就是去做并完成正确的事情的能力。它包括两个方面的内容，一是所设定目标必须适当，二是目标必须达成。德鲁克强调，效能是知识工作者，包括管理者的一种特殊技术，他们只有对组织真正有所贡献，才算是卓有成效。不能假定管理者一定是卓有成效的，所以需要研究其效能问题。效率是指尽可能充分地利用可获得资源去实现目标的能力。按照他的说法，就是把事情做正确的能力①。

效能进入政治学领域，则是从政府效能的概念开始的。政府效能有三重内涵，首先是构建规则或者制度，即主导确立社会普遍遵循的正式规则，引导非正式的社会规则，形成有效调节社会行为和社会关系的制度及机制；其次是制定和执行积极、正确、有效的公共政策，充分调动社会各方面的资源，为社会提供优质高效的公共产品；最后是政府效能的旨归在于促进国家快速、均衡、持续、健康发展。政府效能与国家治理效能有相似之处，但显然国家治理效能是包含政府效能的，范围更广。

通过梳理“效能”的内涵及其在各个领域的发展路径可以发现，效能与效率、效益存在着根本区别，效率与效益只关注手段的功利性，而效能更侧重于行为目的和手段方面的正确性。首先，要实现效能，就必须使目标是正确的，即行为主体选择正确目标的能力，通过选择正确的目标使得最终实现的效果对主体而言是有利的、正面的；其次，要实现

① 罗珉. 德鲁克的效能与效率理论解读[J]. 管理学家（学术版），2008（1）：29-35.

效能必须确保手段或形式的正当性，即通过具体的手段或形式高效快速地达到预定的目标。

三、国家治理效能的概念

在阐明“国家治理”和“效能”两个元素的基础上，再来探讨何为国家治理效能。可以肯定的是国家治理效能就是国家治理活动所产生的一系列有利作用或积极效果，表现为国家制度和国家治理体系所指向的治理目标的实现程度。有学者对国家治理效能作出界定，如武汉大学政治与公共管理学院吕普生教授认为，国家治理效能是国家治理活动所产生的一系列有利作用或积极结果，表现为国家制度和国家治理体系所指向的治理目标和实现程度[①]。云南日报报业集团何祖坤社长认为，治理效能是治理主体围绕实现治理目标所展现出来的治理能力及所取得的治理效率与效益的综合反映[②]。中南财经政法大学公共管理学院庞明礼教授的研究则表明，国家治理效能是若干个政策绩效的综合反映和整体呈现，因而可以从政策过程的分析视角研究国家治理效能的实现机制。可以说，国家治理效能是若干个政策绩效的综合反映和整体呈现[③]。不管从哪种角度出发，国家治理效能主要包含三个内涵，一是这个效能是由国家治理活动产生的对国家产生正向、积极作用的效能；二是要实现国家治理效能必须确保目标的正确性，而国家治理目标又与国家治理理念息息相关，与一个国家的意识形态、核心价值观紧密相连；三是要实现国家治理效能还需要国家治理手段或者方式的合理性，民主的方式、法治的思维是重要的选择。

---

① 吕普生．我国制度优势转化为国家治理效能的理论逻辑与有效路径分析 [J]. 新疆师范大学学报（哲学社会科学版），2020（3）：18-33.

② 何祖坤．论国家制度优势与国家治理效能 [J]. 云南社会科学，2020（1）：2-9.

③ 庞明礼．国家治理效能的实现机制：一个政策过程的分析视角 [J]. 探索，2020（1）：89-97.

第二节　新发展阶段的时代特征及其对国家治理的新要求

习近平总书记指出："正确认识党和人民事业所处的历史方位和发展阶段，是我们党明确阶段性中心任务、制定路线方针政策的根本依据，也是我们党领导革命、建设、改革不断取得胜利的重要经验。"①把握新发展阶段的历史逻辑、理论逻辑和实践逻辑，充分认识国家治理效能在新发展阶段所具有的时代内涵，是探寻提升国家治理效能实践路径的必要前提。

一、新发展阶段的时代特征

党的十九届五中全会提出，全面建成小康社会、实现第一个百年奋斗目标之后，要乘势而上开启全面建设社会主义现代化国家新征程、向第二个百年奋斗目标进军，这标志着我国进入了一个新发展阶段。新发展阶段是实现共产主义社会过程中的一个阶段，是中国共产党带领人民实现从站起来、富起来到强起来历史性跨越的阶段，是中华人民共和国成立以来特别是改革开放四十多年来建立起的雄厚物质基础上的新阶段，新发展阶段的提出有其深刻的理论依据、历史依据和现实依据。新发展阶段的任务是全面建设社会主义现代化国家，这里说的现代化是具有中国特色、符合中国实际的现代化，是全体人民共同富裕的现代化，是物质文明和精神文明相协调的现代化，是人与自然和谐共生的现代化，是走和平发展道路的现代化。新发展阶段的发展是实践新发展理

① 习近平．把握新发展阶段，贯彻新发展理念，构建新发展格局[J]．先锋，2021(5)：5-13.

念的发展，是更高质量、更有效率、更加公平、更可持续、更为安全的发展。

对国家治理效能的强调和关注是国家治理在国际国内形势的不断变化、时空境遇不断发展的背景下，以及理论逻辑和实践逻辑发生根本转变的必然结果。随着新时代中国特色社会主义不断推向前进，国家治理在国内形势和国际局势、传统因素和当代问题的考验中有了新的转向，"把制度优势转化为国家治理效能"成为新时代深化改革的重要目标。从国际形势来看，大国竞争不断加剧，国际安全形势复杂多变，特别是美国优先政策的提出，为大国关系平稳发展埋下阴影；世界经济发展下行风险逐渐上升；以通信技术、人工智能、物联网为代表的新兴科技正在重塑产业模式、商业模式。从国内形势来看，我国主要矛盾发生变化，第一个百年奋斗目标已经实现，全面建成了小康社会，中国人民在"站起来""富起来"的基础上，为实现"强起来"的目标而努力奋斗，经济从快速发展进入高质量发展的新常态。国内国际环境的深刻变化对国家治理提出新的要求，如何才能使制度更加成熟更加定型，更重要的是制度优势如何才能转变为国家治理效能，这对国家治理的实践逻辑转换提出了新的课题，国家治理效能的实现成为国家治理活动的重要目标。

二、国家治理的时代要求

国家治理效能如何实现，国家治理如何适应时代要求，从社会科学的视野出发，应该有相应的指标体系来衡量。俞可平编制了一个中国治理评估框架，把公民参与、人权与公民权、党内民主、法治、合法性、社会公正、社会稳定、政务公开、行政效益、政府责任、公共服务、廉政等十二个方面作为中国治理的重要指标。① 中国人民大学国际关系学

① 俞可平. 中国治理评估框架 [J]. 经济社会体制比较，2008（6）：1-9.

院杨光斌院长认为，“衡量国家治理能力至少包含政治认知力、体制吸纳力、制度整合力和政策执行力四项指标”。[①] 新发展阶段对国家治理提出新的要求，大体而言，主要涉及政府的决策能力、执行能力、公共服务的提供能力等方面。一是政府决策与执行能力，政府需要制定明确、科学的政策，并能够高效地将其付诸实施。这需要政府机构具备适应快速变化环境的灵活性和应变能力，以及良好的决策机制和沟通协调机制。二是公共服务提供能力，政府需要建设高效的公共服务机构，提升服务质量和覆盖面，使公民能够享受到公正、高效的服务，如教育、医疗、交通、环境保护等。三是反腐倡廉与法治建设，有效打击腐败、建设廉洁政府，以及建立健全的法律体系和法治文化，能够提高国家治理的公信力和执行力，促进社会稳定和可持续发展。四是全面参与和社会协同，政府需要鼓励公众参与决策过程，倾听民意，建立沟通渠道，形成多元共治的局面，实现治理的民主化和社会化。五是数据驱动决策，政府可以通过大数据分析、人工智能等技术来获取更准确的信息和洞察，从而更好地应对挑战和问题。

整体而言，不管是多么复杂的指标体系，从国家治理效能的基本定义出发至少可以得出这样的结论，那就是国家治理效能依赖于目标的正确性，没有目标正确性就没有国家治理效能。当前，中国国家治理最根本的一个目标就是实现共同富裕，共同富裕是社会主义的本质要求，是中国式现代化的重要特征。党的十九大报告明确了中国特色社会主义建设进入了新时代，虽然仍然处于社会主义初级阶段，但是，新时代中国社会的主要矛盾已经从人民日益增长的物质文化需要同落后社会生产之间的矛盾转变为人民日益增长的美好生活需要和不平衡不充分的发展之间的矛盾。而要破解新时代中国社会的主要矛盾，就必须在发展到一定阶段之后更加注重经济社会发展的平衡性和协调性，合理调整区域城乡

① 杨光斌．衡量国家治理能力的基本指标[J]. 前线，2019（12）：45-48.

关系，通过公共服务均等化等举措来落实共同富裕的目标。

国家治理效能的实现还有赖于手段的合理性，新时代国家治理手段合理性的要求在于处理好公平与效率的关系。资源是可以掌握、支配、利用的人力、物力、财力和土地等经济资源。相对于人们的需求来说，资源总是稀缺的、有限的。正是由于这样的国情特点，改革开放前中国一直实行计划经济体制，在收入分配上，以相对平均主义和大锅饭为特征。这种表面上实现了相对的公平，实际上缺乏激励机制和效率，一定程度上忽略了劳动者劳动质量的差异性，导致了计划经济体制下的低效率。中华人民共和国成立以来相当长一段时间里，中国比较侧重平均主义，“不患寡而患不均”。事实证明贫穷不是社会主义，社会主义不代表没有效率，老百姓都想过上富裕的社会主义新生活。为此，改革开放以来，开始尊重个性的差异，尊重效率的差别，认同了不同的工作方式带来不同的效益。

第三节　国家治理效能与国家治理体系、国家治理能力的辩证关系

国家治理效能与国家治理体系、国家治理能力密切相关，国家治理体系与国家治理能力的现代化的过程实质上就是国家治理效能提升的过程，国家治理效能与国家治理体系、国家治理能力存在辩证关系：国家治理体系为国家治理效能的实现提供制度保障、目标指引和价值基础，为国家治理效能的实现提供了基本的规范；国家治理能力则为国家治理效能实现提供动能，既提供了协调力和凝聚力，又提供了创新力和发展力，还提供了意志力与执行力。

一、国家治理体系为国家治理效能实现提供规范

制度是定国安邦的根本，关系到国家事业发展的根本性、全局性、

稳定性、长期性问题。与国家治理理念、国家治理目标相比，制度更具体，与人民群众的关系更加紧密，人们每时每刻都能感受到制度的存在。规范有两重意思，第一重是指符合逻辑，客观、真实、全面、完整、准确的明文规定或约定俗成的标准；第二重是指按照既定标准、规范的要求进行操作，使某一行为或活动达到或超越规定的标准。国家治理体系实际上就是为了实现国家治理目标而设定的一系列制度体系及执行机构，而这些制度体系和执行机构为国家治理效能的实现提供制度保障、目标指引和价值基础，为国家治理效能的实现提供了基本的规范。

有了好的制度必须有制度执行能力才能实现国家治理效能，这就体现在国家治理能力上，即运用制度管理国家的能力。国家制度内在的先进性和优势并不能直接发挥作用，还要能够被广泛认可和严格执行，只有这样才能体现其“工具性”的内涵。中国共产党坚持彻底的辩证法和彻底的唯物史观，把“国家治理体系”和“国家治理能力”看作一个整体，认为“有了好的治理体系才能提高治理能力，提高国家治理能力才能充分发挥国家治理体系的效能。”[①]从结构功能的视野看，国家治理体系侧重内在结构，国家治理能力则体现外在功能，结构决定功能，但结构的优势要向好的功能转化必须有好的“操作”才能实现。因此，国家治理效能的实现必须结构和功能的统一，即“国家治理体系”和“国家治理能力”的内在协调和外在统一。

（一）国家治理体系为国家治理效能实现提供制度保障

国家制度是治理的基石，制度的效能在很大程度上决定着一个国家的发展。

国家制度可以直接为国家治理的主体提供行为规范。从古至今，历朝历代都有一套完整的制度，这些制度有好有坏，但在某种程度上这些

① 习近平．习近平谈治国理政：第一卷[M]．北京：外文出版社，2018：第91.

制度规范着君王或官员的行为规范，如我国古代的嫡长子继承制、三公九卿制等。假设一个国家没有制度，国家的治理主体也没有一套制度来进行活动，那么这个国家和社会是一个什么样的局面。那将是“人对人的战争”，每个人出于本能都会努力追求着自己的利益。根本原因在于没有任何一种制度来告诉他们应该如何协调相互的利益和行为。历经漫长岁月的演变，社会也在进步，人们逐渐认识到这个社会需要依靠一套成熟的制度来为人们提供行为规范。

对比之前的中国社会，因为我仍将长期处于社会主义初级阶段，对于如何治理国家，需要不断摸索，人民当家做主的观念需要得到进一步加强。随着我国国家制度的不断完善，越来越多的人对于当家做主的观念也得到不断强化。基于我国的国家制度，国家治理主体越来越具有主人翁意识。今天提倡的社会主义核心价值观便是我国国家制度直接为国家治理主体提供行为规范的最好说明。

制定适合本国国情，符合国家发展实际的制度，可以有效克服国家治理主体在工作中存在随意性的弱点，对于推进各项工作至关重要。中国特色社会主义制度始终是符合我国社会发展的制度，始终是让人民拥护的制度。一个良好的国家制度可以为国家治理的主体提供行为准则。只有建立科学、合理、有效的制度的同时让制度落到实处，这样才能保证制度更好地发挥作用，才能保证其为整个社会，为国家治理主体提供行为规范。

（二）国家治理体系为国家治理效能实现提供目标追求

国家治理目标是国家治理活动所要达成的效果、状态，是一个复杂而多层次的目标体系。从时间维度而言，国家治理目标包括长期目标、中期目标、短期目标；从内容维度而言，包括政治发展目标、经济发展目标、文化发展目标、社会发展目标、生态发展目标等。从根本上说，国家治理的目标就是要让人民幸福、社会和谐、国家富强。具体而言，国家治理目标就是要推进国家统一性、实现国家均等化、促进国家创新性、提升国家法治化、推动社会自治化[①]。人们构建国家制度，是为了实现国家的某种目标，如社会稳定、经济发展、人民幸福等而去构建制度的，从这个意义而言，制度本身就具有工具的属性，而制度所要达到的目标，就成为制度的目的性。

中国特色社会主义制度是中国共产党人依据科学社会主义原理，结合中国特色社会主义初级阶段的实际而取得的制度成果。正是因为中国特色社会主义制度的科学性和与时俱进，使得我国的治理体系和治理能力也在实践中得到不断完善，也使得我国在各方面的治理目标都十分明确，治理效能也随着治理目标的明确而提高。国家治理目标的正确性为治理效能实现程度提供理论支撑及路径导向的同时，治理效能的实现程度也成了国家治理目标的正确性的体现。因此国家治理目标的正确性反映在治理效能的实现程度。

实现“中国之治”的国家治理目标是一个多层次、立体化兼具科学性与价值性相统一的动态发展的目标体系。改革开放以来，中国国家治理的领导主体即中国共产党提出了“三步走”的战略目标：第一步目标是解决温饱问题，这个目标要1990年前已经完成；第二步目标是要人民生活达到小康水平，这个目标也已经实现；第三步目标是让人民过上比较富裕的生活，时间节点是到21世纪中叶，人均国民生产总值达到中等发达国家水平。从中国国家治理的实践来看，第一步、第二步战略目标已经实现了，第三步目标正在逐步实现。党的十八大提出的“两个一百年”奋斗目标是对原有“三步走”战略目标的细化和发展，社会主义现代化建设的施工图更加详细、更加丰富。党的十九大在第一个百年奋斗目标基本实现的基础上对第二个百年奋斗目标作出具体部署：第一个阶段，到2035年，基本实现社会主义现代化，这里的基本实现现代

① 燕继荣．国家治理目标构成论[J]．领导科学，2017（28）：21.

化的内涵与党在20世纪80年代提出的到21世纪中叶基本实现现代化的目标是一致的，只是在时间上提前了15年；第二个阶段，到21世纪中叶，把我国建成富强民主文明和谐美丽的社会主义现代化强国，实现这个目标的时间是在2050年，所达成的社会主义现代化强国目标距离中华民族伟大复兴的中国梦更近一步了。

制度的目的性要以工具性为前提。工具的优先地位，无论在哪个领域都是非常明显的。在政治领域，形式民主优先于实质民主，实质民主通过形式民主得以实现；在法学领域，程序正义是实质正义的前提，没有程序正义，实质正义是没有保障的；在经济学领域，必须先追求效率，后面的公平才有意义，没有效率的公平只能是整体的贫困落后。从国家治理的整体构建而言，制度的工具属性应该作为国家治理目标实现的前提，没有制度做保障，没有制度的执行，国家治理目标是无法实现的。就算是中国传统社会中“无为而治”的国家治理理念，并不是说不需要制度去实现国家目标，而是通过制定不扰民、让人民自我决断的制度来实现国家的繁荣发展。国家治理是多元治理主体运用一定的手段和方式对特定的治理客体加以合理化调控，使其达到和谐状态的一种动态过程。国家治理的目标是通过具体的制度安排和调整治理战略来调和国家与社会之间的关系，从而不断增强国家治理的合法性和有效性。在这一过程中，制度建设和制度执行力，为每个社会个体最大限度地释放创造力提供了根本保障。通过参与沟通、相互协商、互相协调、监督约束，逐步形成社会认同的价值导向，并达到朝着特定目标迈进的公序良俗状态。衡量一种制度好不好，有没有优势或优越性，不是从纸面上看它设计得是否完美，而是看它能否在实际生活中给国家和人民带来实实在在的好处，也就是说，国家治理效能是反映制度优势的最重要指标。

国家治理目标既要体现国家治理理念，即在价值追求上体现人民的根本利益，还要具有科学性，要有时间表、路线图以及具体明确的指标体系。这就要求国家治理领导主体吸纳各方智慧制定国家目标，调动各方积极性，完善资源配置，通过自下而上与自上而下相结合的方式，共同推动目标实现。

（三）国家治理体系为国家治理效能实现提供价值基础

国家治理的价值基础决定了国家治理效能对谁有益，实现和维护谁的利益，彰显了谁的诉求，这是国家治理效能的根本所在。这个问题不解决，国家治理活动就会失去方向，国家治理效能也无从谈起。不管是意识形态还是社会主流价值体系，都表现了社会统治阶级的意识和追求。作为意识形态和社会主流价值体系表现形式的国家治理理念自然体现了国家治理主体的价值追求，也是社会统治阶级的价值追求。国家治理目标、国家制度的国家治理理念是否被认可，以及在多大程度上被认可，反过来又决定了国家治理效能的实现程度。

首先，国家治理理念体现治理主体的价值追求。从辞源学的角度来说，理念是思维活动的成果，是思维关于客观世界的看法，理念反映的是客观事物的本质，揭示了事物发展运动的规律。理念很多时候是与观念通用的一个词，特别是在康德、黑格尔看来，理念与观念都是表达思维活动的成果，指系统的理性化的思维活动模式或者说理性化的看法，它是客观事实的本质性反映，是事物内性的外在表征。列宁指出，“人的意识不仅反映客观世界，而且创造客观世界。”① 理念是实践的先导，人的实践活动是在理念的指导下进行的，理念决定人们确立实践活动的目标，采取的方式、策略和途径，并在理念的指导下评估实践活动的结果，是否达成预定的目标，多大程度上达成了目标。国家治理是治理理念与治理实践相互作用的过程，美好的理想要有切实的行动才会实现，否则就会沦为空谈；大量的行动如没有正确的理念作为指导，就会变成

① 中共中央马克思恩格斯列宁斯大林著作编译局．列宁全集：第 55 卷 [M]. 北京：人民出版社，1990：182.

盲从，再宏伟的目标都不能实现。国家治理理念对国家治理活动发挥着定向导航、发展支撑，以及判断评价与调节规范的作用。确定国家治理目标并明确达到目标所采取的行动方案，既为国家治理提供塑造政策议程并提供前瞻性的指导方案，又能根据自身的价值来评判这个活动的绩效，通过评价来调节规范国家治理活动。

国家治理理念是治理主体关于国家治理的“世界观”，即治理理念确定了主体如何看待国家治理活动，依据何种原则来治理国家、如何评判国家治理的效果等。国家治理理念是政治权力确立、维护和运行的思想理念、价值规范与道德规范的总体构成，也是公民权利得以确认和保障的价值体系[①]。北京大学习近平新时代中国特色社会主义思想研究院王浦劬院长则认为，国家治理的价值体系，也就是国家治理理念“首先指国家治理的主导意识形态和核心价值体系。”[②]不管是意识形态还是社会的核心价值体系，都是为了维护社会的正常秩序、实现社会各阶层共同的目标，都体现的是国家治理主体的价值追求。

意识形态对于国家运行和国家治理意义重大。在马克思主义看来，意识形态是统治阶级的意识，统治阶级掌握着物质力量，他们的精神和意识也必然是占据统治地位的，“统治阶级的思想在每一时代都是占统治地位的思想。”[③]意识形态有多种功能，如批判和构建、政治合法化、社会控制、规范生产、社会整合等，但最终都指向两个方向，即夺取政权和巩固政权的功能。在夺取政权阶段，革命的阶级总要先创造舆论，在伦理和道义上获得广泛的认同，使绝大多数人痛恨旧的统治者，拥护

---

① 张润君．治理现代化要素论[J]．西北师大学报（社会科学版），2014（6）：112-117．

② 王浦劬．全面准确深入把握全面深化改革的总目标[J]．中国高校社会科学，2014（1）：4-18．

③ 中共中央马克思恩格斯列宁斯大林著作编译局．马克思恩格斯文集：第四卷[M]．北京：人民出版社，2009：550．

新的阶级，并使大多数人成为他们其中的一员。建立政权以后，统治阶级就会想方设法巩固政权，就需要把统治阶级的意志上升为统治思想。意识形态在国家治理中体现统治阶级的意识，实际上也是治理主体的价值追求。

在国际共运史上，存在着由于意识形态的问题而导致亡党亡国的例子，如造成苏联解体的很大一部分原因是意识形态的失败，实际上就是国家治理理念失败而造成的。关于苏联的解体的原因，学界有多种解读，主要包括：政治体制僵化论、经济失败论、民族分裂论、制度模式衰败论、改革亡国论、文明冲突论等。这些解释让人们从多个方面认识到苏联解体的主客观原因，也给了社会主义国家的改革和发展提供了很多教训和启示。从诸多研究成果来看，意识形态的失败而导致的国家治理理念的错误，是导致苏联难以维持国家长治久安的根本原因。苏共长期以来不能以科学的态度对待马克思主义，造成马克思主义教条化，在意识形态领域实行严格控制，后来，实行意识形态多元化，把马克思主义从社会主义核心价值观的内核中剥离出来，最终放弃了马克思主义在党和国家意识形态中的指导地位。苏共二十八大制定了“人道的民主的社会主义”的治国理念，这种与马克思主义背道而驰的治国理念应用到实际制度中就会产生这样的一些倾向：经济上否定公有制的主体地位，政治上放弃共产党的领导，意识形态上取消马克思列宁主义的指导地位。“人道的民主的社会主义”的治国理念在整个苏联社会造成思想上的混乱，不能形成共识，不能形成统一的思想和意志，不管是国家治理的领导主体还是其他主体，都不满意这种理念，因此造成人心涣散，最终导致苏联亡党亡国。

国家治理理念是社会核心价值体系的重要体现。价值多元化是现代社会的基本特征，在这多元的价值中，居于主导、支配地位，反映现实生活和社会发展内在要求及统治阶级根本利益的价值体系就是社会核心价值体系。核心价值体系可以有效地制约非核心价值体系作用的发挥，保障政治经济和文化制度的稳定，是社会秩序得以维持，社会能够良性运行、协调发展的精神力量。可以说，社会核心价值体系发挥着国家治理的柔性功能，为国家制度的稳定和正常运行保驾护航。关于核心价值体系对国家治理的巨大作用，中国近现代历史学家钱穆在研究中国从汉代到清代的政治制度后得出一个结论：政权之稳固，一定要依赖于一种为社会大众所共同遵守、共同信仰的精神上的权。[①] 钱穆还认为，中国要保持统一，就必须有一个集中统一的具有权威的中央政府，而这个中央政府的威信如何建立呢？最重要的就是拿出一个为全国人民“共尊共信的东西”来。

不管是“精神上的权”或者是“共尊共信的东西”，实际上都是指一个社会的核心价值体系，没有核心价值体系的支撑，国家治理很难持续下去，就会造成国弱民穷、社会分裂、军阀割据的严重后果。鸦片战争后中国长达一个世纪的屈辱历史，与清政府的闭关锁国、制度腐败、经济技术落后是分不开的。与中国有相似经历的日本很快能够从西方的打击中苏醒过来，而中国的沉沦长达一个世纪，其中很重要的原因是社会核心体系的坍塌并且一直没有实现重建。被坚船利炮轰开国门的中国向西方的学习经历了器物层面到制度层面再到思想文化层面的发展过程。学习器物层面阶段从鸦片战争到洋务运动期间，主要学习西方先进的军事和科学技术。林则徐、魏源、龚自珍等有识之士把忧国爱国热情倾注在冷静的政治思考中，主张“师夷长技以制夷”。在这一思想的指导下，以曾国藩、李鸿章、左宗棠等为代表的封建地主阶级洋务派开启了近代中国的洋务运动，引进了资本主义生产方式，创办了一批军事工业、民用工业，建立新式军队，特别是海军，创办新式学堂，培养翻译、军事和科技人才，翻译西方的科技、法律书籍等，为中国近代化开启了道路。从戊戌变法到辛亥革命时期是中国向西方学习制度层面的阶

① 钱穆．中国历代政治得失[M]．北京：九州出版社，2014：175.

段，主要目标是学习西方近代民主政治制度，使封建的中国和平过渡到君主立宪制的国家。资产阶级维新派要求变法图强，兴民权、设议院，实行资本主义君主立宪制。资产阶级革命派则主张通过革命的方式推翻封建统治，建立资产阶级共和国。在孙中山的领导下，辛亥革命爆发，标志着两千多年的封建君主专制制度土崩瓦解，具有资本主义性质的中华民国临时政府宣告成立。从民国初期至“五四运动”时期是学习西方思想文化层面的阶段，目标是学习西方的启蒙思想及文化精神。这一时期的主要标志是以“科学”与“民主”为旗帜的新文化运动。新文化运动是资产阶级民主主义的新文化反对封建主义的旧文化的斗争，批判封建旧中国的专制黑暗、建构中国思想文化的现代性，启蒙大众思想。但是，中国先进知识分子的努力没能把社会核心价值体系建立起来，直到十月革命一声炮响为中国送来了马克思主义，不仅给中国送来了革命的指导思想，中国社会的核心价值体系也在这个时候开始建立起来了，正如毛泽东所说：“自从中国人学会了马克思列宁主义以后，中国人在精神上就由被动转入主动。从这时起，近代世界历史上那种看不起中国人，看不起中国文化的时代应当完结了。”[①] 只有在精神上由被动转为主动，社会核心价值体系才能建立起来，中华民族才能够凝聚起磅礴的力量推翻“三座大山”，建立中华人民共和国，为当代中国的一切发展进步奠定基础。

其次，国家治理理念具象化为国家治理目标、国家治理制度。国家治理理念具象化为国家治理目标与国家治理理念息息相关，一个国家希望通过国家治理得到什么，想要达到什么样的目标，很大程度上是由国家治理理念决定的。国家治理理念决定了国家治理的立场。立场不同，国家治理的形态、运行的机制以及评价体系自然也不同，这也直接决定一个国家更希望什么、更重视什么、更珍惜什么、更需要什么等方

① 毛泽东 . 毛泽东选集：第 4 卷 [M]. 北京：人民出版社，1991：1516.

面的不同，想要达到的目标自然就会有很大的差别。国家治理理念还决定了国家治理所采取的方式方法是法治、人治还是德治，从根本上来说是由国家治理理念所规定的。不同的方式方法也会导致主体追求的目标差异。

通过对西方国家治理和中国特色社会主义国家治理的比较分析可以发现，不同的国家治理理念会产生不同的国家治理目标。如西方社会国家治理理念缔造的多党制使得他们更加关注自己的“票仓”，这就导致了少数利益集团提出不利于其他社会阶层的目标，当目标不能集中统一，不能让所有人都接受和认同，社会的“撕裂”和“断裂”现象就会产生。中国之治的国家治理理念则能很好地设定治理目标，并引导全体人民为实现这个目标共同努力，艰苦奋斗。作为最高政治领导力量的中国共产党不忘初心、牢记使命，自信从容、行稳致远，全心全意致力于为最广大人民群众的最大利益、最根本利益、最长远利益而永远奋斗，让一个古老而沧桑、年轻而昂扬的国家在一代接着一代干、一棒接着一棒跑中不断实现一个又一个的伟大飞跃。中国特色社会主义制度把国家富强、民族振兴、人民幸福当作自己的目标，把握最大公约数，构建最大同心圆，激发最广大人民群众奋发图强、努力奋斗，最终实现国家、民族的目标。

国家治理理念具象化为国家治理制度。一个国家选择何种制度，或者说，决定一个国家的国家制度和法律制度形成的重要因素是什么，法国思想家孟德斯鸠认为探求这些共同的原则是研究者的任务。他在其作品《论法的精神》中反复说明了这个观点，即自然环境，如气候、地理环境、土壤等是决定国家制度的根本原因。各种政体的性质和原则的不同，体现的是不同的国家治理理念，决定了各个国家采取的不同的国家制度和法律体系。显然，地理环境并不是国家制度选择的决定性力量，很多民族和地区的自然环境并没有太大改变，但是其国家制度发生了很大的变化，有的甚至从非常野蛮的原始社会制度一跃进入现代文明社会，可见用自然环境来解释国家制度的选择是非常牵强的。孟德斯鸠虽然没有说明国家制度选择的根本原因，但他至少阐明了一个道理，那就是国家治理理念具对国家制度的影响力。也就是说，在政体既定、国家理念既定的前提下，“共和政体要有美德，君主政体要有荣誉，专制政体要有恐惧。”① “立法者制定的法律应跟各种政体的原则相符。共和政体的法律应维系平等与制约，君主政体的法律应支持贵族，同时对平民的压迫不超出其承受限度，专制政体的法律应让各个等级都保持沉默。”实际上，孟德斯鸠表明了这样一个观点，即国家治理念的不同塑造了各国不同的政体，而不同的政体制定的制度和法律又在一定程度上体现了治理理念的基本原则。

美国经济学家道格拉斯·诺斯建立了包括产权理论、国家理论和意识形态理论在内的“制度变迁理论”，在这个理论框架内，诺斯认为，各个国家由于其文化遗产和政治决策规则的差异，决定了它们走不同的道路，也就是制度选择的不同。“历史是至关重要的，它的重要性不仅仅在于可以向过去取经，而且还因为现在和未来是通过一个社会制度的连续性与过去连接起来的。今天和明天的选择是由过去决定的，过去只有在被视为一个制度演进的历史才可以理解。”② 诺斯的研究更多的是从经济制度，或者说资本主义社会国家治理更为看重经济治理出发研究国家的制度选择，但是在某种程度上他的研究还是揭示了国家制度选择的重要方面，即“文化传统”和“政治决策规则”，两者构成了国家治理理念的核心部分。“文化传统”很好理解，主要指的是一个国家、一个民族的文化既有传承，又有一定的稳定性和延续性，又会因时因地变化，在各个历史阶段不断延续发展的各类文化核心精神。而“政治决策

① 孟德斯鸠．论法的精神[M]．欧启明，译．南京：译林出版社，2016：24.

② 诺斯．制度、制度变迁与经济绩效[M]．上海：生活·读书·新知三联书店，1994：1.

规则”跟孟德斯鸠的“政体”概念有很大的相似性，也就是说，诺斯对每个国家如何选择制度，除了注重分析“政体”，对文化传统也给予了关注。

马克思主义历史唯物主义科学地说明了一个国家是怎么选择它的制度的。马克思主义认为：社会存在决定社会意识，经济基础决定上层建筑，国家治理体系和治理能力是上层建筑，这个上层建筑是由这个国家的经济发展水平所决定的。马克思主义还强调，被经济基础所决定上层建筑的各个部分，主要指政治上层建筑和观念上层建筑，这两者之间也存在辩证关系，即政治上层建筑决定观念上层建筑，观念上层建筑也会反作用于政治上层建筑。因此，一个国家选择什么样的国家制度，是由这个国家的历史传承、文化传统、经济社会发展水平决定的，是由这个国家的人民决定的。中国特色社会主义制度立足我国悠久而丰富的政治文化传统，于近代中国新民主主义革命的历史洪流中，成形于中国共产党和中国人民对社会主义事业的艰难探索和艰苦创立的过程中。历史传承、文化传统、经济社会发展水平共同塑造了中国特色国家治理的理念，这些理念又决定了当代中国的国体、政体，在此基础上，形成了中国特色社会主义制度，以及构成这个制度体系的根本制度、基本制度和重要制度。

最后，治理理念决定治理效能。国家治理理念是国家治理活动的根本遵循，决定着国家治理的目标、结构、方式、制度等。国家治理效能能否实现，或者在多大程度上实现，取决于国家治理理念的构建水平。国家治理理念贯穿于国家治理活动的全过程，治理目标的确立、国家制度的制定，都是在治理理念的指导下进行的。可以说，国家治理理念的具象化为国家治理目标、国家治理体系和国家治理能力。国家治理理念是国家治理主体建构、认同、内化的价值观念，是对治理活动的高度概括。国家治理理念的构建主要由国家治理的领导主体来承担，由于理念首先是属于意识层面的内容，高度抽象又极为复杂，牵涉面广，只有高度组织化的组织或者团体才能胜任，在当今世界，一般是由政党来构建和发展国家治理理念；执政党也并不是随心所欲地构建国家治理理念，而是以人民的意愿为基础，在了解人民意愿的前提下概括和发展治理理念。不以民意为基础，不体现人民意志的治理理念不会得到人民的支持，最终只会导致治理失败。

国家治理理念的方向性的错误是导致清末新政失败、苏联的解体的根本原因。但这种由于国家治理理念的失误直接导致国家治理崩溃，国家灭亡的情况毕竟是少数，多数的情况是由于国家治理理念的原因导致国家治理效能不能得到充分实现，进而导致国家治理目标难以实现，国家发展受到阻碍，在与世界其他国家其他民族的竞争和比较中处于劣势。

由此可见，国家治理理念来源于人民，通过国家治理领导主体的概括整合又内化于人民，在国家治理活动中发挥着价值整合、舆论导向、行为规范的核心作用，是国家治理效能实现的价值基础。稳定一致的价值观共识是有效维持社会团结、促进社会和谐、防止社会断裂的“黏合剂”。形成稳定一致的价值观共识是社会主义核心价值建设与国家治理的一致目标追求，它既是社会主义核心价值观建设的重要内容和努力方向，也是国家治理体系的构成部分和提升国家治理能力的基础。①

二、国家治理能力为国家治理效能实现提供动能

国家治理能力是国家治理体系的外在表现，是指国家治理主体运用国家制度管理社会各方面事务的能力，包括改革发展稳定、内政外交国防、治党治国治军等各个方面。国家治理能力是国家治理效能实现的动力源，从国家治理的复杂性来看，国家治理能力为国家治理效能实现提

① 崔浩，桑建泉.价值观共识：社会主义核心价值观建设与国家治理的一致目标[J].观察与思考，2015（12）：17-21.

供协调力与凝聚力；从国家治理是处于不断发展变化的方面来说，国家治理能力为国家治理效能实现提供创新力与发展力；从国家治理的实践性来说，国家治理能力为国家治理效能实现提供意志力与执行力。

（一）国家治理能力为国家治理效能实现提供协调力与凝聚力

国家治理是一项复杂的系统工程，不仅涉及政治、经济、文化、社会、生态文明等多个领域，还涉及治理的领导主体、主导主体、资源配置主体以及参与主体等多个主体，包括改革发展稳定、内政外交国防、治党治国治军等各个方面的事务。因此，在国家治理中如果没有相互配合、协同推进而形成的协调力，没有在形成共识的基础上形成的强大的凝聚力，国家治理效能是无法得到实现的。

国家治理能力首先体现为一种协调力，即协调不同主体、不同领域、不同方面的各种事务。改革开放以来，我国改变了政府包办一切，承揽一切的全能政府模式，逐步形成“小政府、大社会”的国家治理模式。随着社会事务的不断增多，对国家治理能力提出了新的要求，在治理主体多元化的情况下，如果不能做到统筹协调，不能有效地管理国家各方面事务，国家治理主体的协调能力不能充分发挥，就很难实现国家治理效能。国家治理的协调力主要包含两个维度，即要做到“横向到边，纵向到底”。“横向到边”指的是国家治理要协调好经济、政治、文化、社会、生态等多个领域的工作，不能缺少或者忽略其中的某一方面；“纵向到底”是指中央、省、市（州）、县（区）、乡镇多个层次的关系都要协调好，不能忽略其中的某一个环节，缺了其中任何一个环节国家治理效能都会大打折扣。国家治理的协调能力，首先是要协调各部门之间的关系。不管在哪个国家，由于繁杂的国家和社会事务，要求国家治理的过程必须是一个不断分权的过程，因此国家治理普遍存在着部门化、碎片化的情况，负责不同事务的部门同时参与到国家治理中。这就需要国家治理主体做好部门之间的横向协调，统筹配置资源、推动部门协调联动、形成治理合力。必须把国家治理主体的统筹协调贯穿到国家治理和社会治理的各个方面，促使各类治理主体提高能力和效率、增进协调和配合，增强国家治理的系统性、整体性、协同性，形成集成效应，全面提高国家治理能力和治理水平。其次，国家治理能力的协调力体现在协调上下级之间的关系中。我国的国家结构是单一制，形成了中央、省、市（州）、县（区）、乡镇自上而下的各级各类组织机构。从国家治理的领导主体，即党的组织原则看，下级服从上级，地方服从中央是根本原则。在国家治理中，党的领导地位必须得到切实的落实和保障，其他各类组织和个人必须以党的全面领导为根本的行为准则，既要处理好“党与非党”的关系。在各类组织中，如何统筹协调好中央与地方，上级组织与下级组织的关系，共同构建和完善自上而下的目标引领机制和组织协调机制，提高国家治理的能力和水平。

国家治理能力还体现为一种凝聚力，即整合各种资源，团结一切可以团结的力量，为实现国家治理目标提供强大合力。如何团结力量，凝聚人心，一直是中国共产党所思考的重大问题，也是治国理政极为重要的能力。民主革命时期，中国共产党就对如何凝聚人心，即如何开展统一战线工作作出深刻总结。1939 年，毛泽东在《〈共产党人〉发刊词》中指出：“统一战线，武装斗争，党的建设，是中国共产党在中国革命中战胜敌人的三个法宝，三个主要的法宝。这是中国共产党的伟大成绩，也是中国革命的伟大成绩。”[①] 由此可见，中国共产党在领导中国革命的进程中很早就意识到建立统一战线对于中国革命的重要性，在总结实践的基础上提出了系统的科学的统一战线理论，为中国革命团结各方力量向着革命的敌人进攻奠定理论基础。中华人民共和国成立以后，为了巩固新生的政权，建设社会主义国家，中国共产党提出了“努力把党内党外、国内国外的一切积极的因素，直接的、间接的积极因素全部调动起

① 毛泽东．毛泽东选集：第 2 卷 [M]. 北京：人民出版社，1991：606.

来”的工作方针，为社会主义建设服务。充分调动一切积极因素，尽可能地克服消极因素，并且努力化消极因素为积极因素，是社会主义事业前进的需要。社会主义建设的积极因素与消极因素在一定条件下是可以相互转化的。我们的任务是创造条件，大力促使消极因素比较多、比较快地向积极因素转化，并同时尽力防止积极因素向消极因素的逆转。改革开放以后，中国共产党赋予统一战线以新的内涵：“爱国统一战线”，它是工人阶级领导的、工农联盟为基础的全体社会主义劳动者、社会主义建设者、拥护社会主义的爱国者和拥护祖国统一的爱国者的联盟，是最广泛的爱国统一战线。中国共产党在不同历史时期对统一战线的理解及出台的相关政策，展现了国家治理能力中最重要的能力，即凝聚力。国家治理是众人之事不是个人之事，国家治理的领导主体只有具备强大的凝聚力才能让国家实现有效治理。

（二）国家治理能力为国家治理效能实现提供创新力与发展力

国家治理的主体、环境、目标、对象、工具等，都会随着时代的发展而不断发展变化，用形而上学的观点来理解、主导国家治理，最终只会导致国家治理活动的失败，给国家带来深重的灾难。历史上，不能科学理解国家治理活动，不能用辩证的观点来看待国家治理活动而导致的国家治理失效或者失败的例子很多。用发展的观点认识和看待国家治理是一个国家保持稳定和兴旺发达的根本，这种意识则外在体现为国家治理能力中的创新力和发展力。新发展阶段创新驱动发展的作用越来越明显，从国家发展方式而言，过去传统依靠要素驱动发展已经慢慢转变为由创新驱动发展，这一转变对世界竞争格局、国家力量对比产生重要影响，哪个国家的创新驱动做得好，哪个国家就能在谋求竞争优势中取得优势地位。

创新首先是从经济学角度提出来的，代表人物是约瑟夫·熊彼特。根据熊彼特的思想，创新实际上就是对生产要素和生产条件的重新组合，使其发挥最大能量获得最好的收益。生产要素包括资本、土地、人力资源、技术等，而生产条件则是生产的现实环境。资本主义经济的发展必须有创新，而这个创新就是使整个资本主义社会不断出现生产要素和生产条件的“新组合”。创新的目的是获得超额利润，由于创新的非连续性和非均衡性，就会产生经济周期性的波动。当创新不足，投资机会减少时，资本主义就会灭亡，社会将会进入社会主义社会。当然，他所理解的社会主义与马克思恩格斯所理解的社会主义具有本质性的区别。因此，他提出，“创新”是资本主义经济增长和发展的动力，没有“创新”就没有资本主义的发展。虽然熊彼特的创新理论更多的是从经济学意义上论述的，但是其核心思想，即“重新组合社会的各种要素获得更多利润”对国家能力的创新具有重要启示意义，实际上，国家制度的创新也是一种社会资源的“重新分配”的过程，在这个过程中制度起到了中介的作用，通过制度重新分配社会资源，规范人们的行为从而形成国家的创新能力，达到国家治理的目标。新时代我国提出了新发展理念，即“创新、协调、绿色、开放、共享”的新发展理念，其中，“创新”处于新发展理念的首要位置，可见国家对创新的重视。这里的创新，首要的就是制度的创新，就是国家的创新能力。要改革国家创新治理体系，培育包容友好的创新环境，是构建具有活力和创造力的人才体系，为国家治理效能实现提供创新力。

发展力则是国家治理的领导主体通过治国理政实现引领经济社会发展的能力，这种能力主要体现在构建发展理念的能力与制定发展目标的能力。首先，发展理念管全局、管根本、管方向、管长远，经济社会发展的实践是受理念引导的，能否根据时代的发展和社会主要矛盾的变化确立科学的发展理念是一个国家治理能力的根本体现。中国特色社会主义在中华人民共和国成立以来取得的辉煌成就，跟中国共产党所确立的发展理念息息相关。以经济建设为中心的发展思想，科学发展观等发展理念，在引领经济社会发展中发挥核心作用。党的十八届五中全会提出了“创新、协调、绿色、开放、共享”的新发展理念，集中反映了党对经济社会发展规律认识的深化，极大丰富了马克思主义发展观，为党带领全国人民夺取全面建成小康社会决战阶段的伟大胜利，不断开拓发展新境界，提供了强大思想武器。正是由于有了科学正确的发展理念，才能制定出符合实际的发展目标，才有了国家治理效能的充分显现。

（三）国家治理能力为国家治理效能实现提供意志力与执行力

一种力量不管它的方向如何正确，力量有多强大，如果没有转化为意志力，不能形成执行力并最终形成实践，这种力量都只是悬在空中，不会形成实效，也不会对人类社会的发展进步产生任何切实的积极影响。因此，有了协调力和凝聚力，有了创造力和发展力，还必须有意志力和执行力来保障效能的最终成形。因此，国家治理效能的实现还需要有统一的意志力，并且要把这种意志力转化为执行力，只有这样国家治理所确立的目标才能转化为国家治理主体的行动并最终实现国家治理效能。

国家治理的意志力不是指单个人的意志力，而是整个国家的意志力。意志力是心理学中的一个概念，指人们能够自觉地确定目的，并根据目的来支配、调节自己的行动，克服各种困难，从而实现目的的品质。当人们善于运用这一有益的力量时，就会产生决心。而人有决心就说明意志力在起作用。人的心理功能或身体器官对决心的服从，正说明了意志力存在的巨大力量。对于国家治理而言，意志力就是国家治理理念如何为全体人民所认识、认同并内化为自身的追求，使国家的意志成为全体人民的意志。“实现中华民族伟大复兴的中国梦”是中国共产党提出的目标，通过国家治理的途径让这个目标转为全体人民的意志，就是国家治理能力的体现。

国家治理的执行力是指国家的各种规范被遵守和执行，形成人们行动的合力，各自做好自己的事情又朝着同一目标努力，从而完成国家治理的目标。执行力，指的是贯彻战略意图，完成预定目标的操作能力 。对个人而言执行力就是办事能力；对团队而言执行力就是战斗力；对企业而言执行力就是经营能力。对国家而言，执行力就是国家能力。国家治理效能的实现必须有执行力，这是国家治理理念、目标落到实处的根本动力。

第三章　国家治理效能实现的马克思主义理论基础

从国家治理效能的内涵出发，可以发现国家治理效能的实现既包括国家治理目标的正确性，又包括国家治理方式的正当性，不管是中国传统的国家治理理念还是资本主义国家的国家治理理论，都无法逃脱其时代性、阶级性的束缚，苏联社会主义模式的僵化模式也会妨碍国家治理效能的实现。中国特色国家治理理论是马克思主义国家治理理论在中国的发展，源于马克思恩格斯的国家治理思想，经过列宁的实践探索以及中国共产党创造性地运用于中国大地，实现了对传统国家治理理论的时代超越，对西方国家治理理论的阶级超越，对苏联国家治理理论的模式超越，实现了真理与价值的统一，从理论上阐明了中国特色国家治理效能实现的可能性和现实性。

第一节　马克思恩格斯的国家治理思想：马克思主义国家治理思想的缘起

通过系统梳理马克思主义经典著作可以发现，马克思恩格斯的国家治理思想遵从了“具体—抽象—具体”的思维发展规律，即从治国理政的具体事件出发探讨国家治理问题，再从法哲学角度思考国家理论，最后从抽象到具体，提出解决国家治理问题的具体方法。从《莱茵报》时期开始，马克思通过批判普鲁士国家制度而涉及国家治理问题，构成了马克思主义国家治理理论的逻辑起点。对国家问题的法哲学思考，涉及国家的起源、本质、职能、消亡等问题，其中蕴含着深刻的国家治理思想。《资本论》则从经济危机的解决、公有制的实现、社会总产品的增加、构建合理的分配制度等方面阐述了从根本上解决国家治理问题的手段。可见，马克思恩格斯的国家治理思想是一个严密而完整的体系，全面准确把握马克思恩格斯的国家治理思想对于指导当前我国国家治理体系和治理能力现代化的理论建构和实践探索具有重要的意义。

一、从具体事件出发：《莱茵报》时期对国家治理问题的初步探讨

“具体是现实的起点，因而也是直观和表象的起点”。[①] 早在《莱茵报》时期，马克思就开始关注社会现实问题，对普鲁士国家治理具体问题，如新闻出版自由、人民代表制度、区乡制度改革、关于林木盗窃的法律以及对摩泽尔地区农民贫困产生的社会根源等发出自己的声音。通过对具体事件的讨论和研究，马克思批判普鲁士封建国家的国家治理，提出了建立人民代表制度、人民是国家治理的依靠力量、国家机构是国家治理的主体等国家治理理念，对“用什么来治理”“靠谁治理”“谁来治理”等问题作出初步探索，构成了马克思国家治理思想的逻辑起点。

① 中共中央马克思恩格斯列宁斯大林著作编译局．马克思恩格斯选集：第二卷[M]．北京：人民出版社，2012：701.

（一）批判代表贵族阶层利益的国家机构，构建人民代表制的国家治理主体

谁有资格治理国家，谁有能力治理好国家？这是马克思在政论文章中向普鲁士国家政权机构开火的首要问题。构建以人民利益为中心的国家权力制度，建立真正的人民代表制度，建立代表人民普遍利益的国家权力机关和权力执行机构并以此作为国家治理的主体，这是马克思在《评奥格斯堡〈总汇报〉第335号和第336号论普鲁士等级委员会的文章》《本地省议会议员选举》这两篇经典著作中蕴含的国家治理思想。

普鲁士的国家权力机构即议会一直被贵族阶层所把持，普通人民群众一直被他人所代表并被排除在权力机构外面，不能发出自己的声音、实现自身的利益。马克思以省议会议员选举为例，严厉批判了作为普鲁士政治制度基础并导致贵族政治统治的等级制原则，明确提出要实行人民代表制的观点。普鲁士国家等级代表制度以地产作为等级资格的一个条件，但由于在地产上所附加的条件，把地产分为三六九等：连续占有十年，隶属于某个基督教会、占有以往直接属于王室的土地、占有帝国骑士领地分别属于一二等级；而在市议会任职或从事某种市民职业的土地再次一个等级；以独立经营自有土地为其主要职业的土地所有者则属于第四等级。由于地产上的附加属性的限制，普鲁士议会被贵族阶层所把持，普通民众被他们所代表，排除在议会的大门外。马克思严厉抨击等级委员会制度，明确指出在宗旨方面“不是国家的有机理性，而是私人利益的切身需要，才是等级制度的建筑师”①，特殊利益是等级制度形成的基础和本质。在维护特殊利益宗旨下构成的议会则成为特殊利益所有者的议会：“省议会由于其特殊组成，无非是各种特殊利益的联合，这

① 中共中央马克思恩格斯列宁斯大林著作编译局．马克思恩格斯全集：第一卷[M]．北京：人民出版社，1995：342.

些特殊利益享有一种能够用自己的特殊界限去对抗国家的特权；所以，省议会无非是国家中一些非国家要素自己组成的合法机构。”① 马克思提出，人民不应该被动地被人所代表，而应该由他们自己代表自己，建立真正的人民代表制度：“不应当把代表权理解为某种并非人民本身的事物的代表权，而只应理解为人民自身的代表权，理解为一种国务活动，这种国务活动不是人民唯一的、独特的国务活动，它跟人民的国家生活的其他表现不同的只是它的内容的普遍性。不应当把代表权看作是对无保护的软弱、对无能为力所作的让步，而是相反，应当把它看作最高力量的一种自信的生命活动。”②

（二）批判“维护私有者利益”的法律制度，构建以人民利益为中心的国家治理制度

用制度来治理国家，是马克思国家治理思想的重要观点，马克思始终认为，不管是好的制度还是“恶劣”的制度，“可是各种制度却比人更有力量”③。马克思在《莱茵报》时期对普鲁士国家现实政治问题批判中，涉及用什么样的国家制度、法律来治理国家、管理社会的问题。马克思批判普鲁士国家的法律制度，指出普鲁士的法律制度是“不自由的法”，是“精神的动物王国”，不能让人民盲目地服从这样的法律制度，应该构建更加合理代表更普遍利益的法律制度。

构建良好的法律制度以实现国家治理的善治，是马克思《莱茵报》时期政论文章所蕴含的国家治理思想。作为法律专业毕业的学生，马克

① 中共中央马克思恩格斯列宁斯大林著作编译局．马克思恩格斯全集：第一卷[M].北京：人民出版社，1995：344.

② 中共中央马克思恩格斯列宁斯大林著作编译局．马克思恩格斯全集：第一卷[M].北京：人民出版社，1995：344.

③ 中共中央马克思恩格斯列宁斯大林著作编译局．马克思恩格斯全集：第一卷[M].北京：人民出版社，1995：134.

思对国家法律制度有着异乎常人的敏感和独特的见解，《莱茵报》的政论文章涉及的法律制度包括普鲁士的书报检查令、林木盗窃法、区乡制度改革、新婚姻法、离婚法等，法律类文章占据了政论文章的大多数，这体现了马克思的国家治理理念，即国家治理的首要的手段或者方式是完善的法律制度而不是使用暴力或者别的什么手段。在《评普鲁士最近的书报检查令》中，马克思批判了普鲁士的书报检查令，认为有了书报检查法就不会有真正的新闻出版自由，书报检查法是“建立在警察国家对它的官员抱有的那种虚幻而高傲的观念之上的。”① 因此，整治书报检查制度真正而根本的方法是废除普鲁士的书报检查制度。在《关于林木盗窃法的辩论》中，针对普鲁士政府提交省议会通过的一项把未经林木占有者许可在森林中捡拾枯枝的行为以盗窃论罪的法案，马克思站在贫苦大众的立场旗帜鲜明地为贫苦大众的利益大声疾呼。马克思批判《林木盗窃法》是不自由的法，是精神的动物王国，“不自由的世界要求不自由的法，因为这种动物的法是不自由的体现，而人类的法是自由的体现。封建制度就其最广泛的意义来说，是精神的动物王国，是被分裂的人类世界，它和有区别的人类世界相反，因为后者的不平等现象不过是平等的色彩折射而已。”② 马克思认为，森林立法是维护森林所有者利益的，其本质是“使国家的权威变成林木所有者的奴仆”。③ 马克思指出，法律是国家的权利，国家不能把这种权利转让给私人，不能成为特殊阶层维护自身特殊利益的工具，“国家放弃自己的义务毕竟不仅是一种疏

① 中共中央马克思恩格斯列宁斯大林著作编译局．马克思恩格斯全集：第一卷[M]．北京：人民出版社，1995：133.

② 中共中央马克思恩格斯列宁斯大林著作编译局．马克思恩格斯全集：第一卷[M]．北京：人民出版社，1995：248.

③ 中共中央马克思恩格斯列宁斯大林著作编译局．马克思恩格斯全集：第一卷[M]．北京：人民出版社，1995：267.

忽，而且还是一种罪行。”[①] 在《区乡制度改革和〈科隆日报〉》《〈莱茵报〉编辑部为〈论新婚姻法草案〉一文所加的按语》《论离婚法草案》等文章中，马克思还深入探讨了区乡制度改革、新婚姻法、离婚法等国家法律制度，并反复阐述他的法律观念：“法律只能是现实在观念上的有意识的反映，只能是实际生命力在理论上的自我独立的表现。”[②] 因此，决不能要求人们盲目地服从超伦理的和超自然的权威，也绝不能让法律成为特殊利益阶级谋取利益的工具，法律只能是体现人民的意志，代表人民的利益并由人民的意志所创立。

（三）批判把人民看作国家治理中消极、负面的因素，肯定人民在国家治理中积极、自觉的作用

传统的国家管理思想一直把人民当作被管理的对象，在管理活动中是一种消极的、负面的因素。贫穷、愚昧、无能、不自觉是管理者对被管理者的一种假设。马克思深刻批判这种把人民看作国家治理中消极、负面因素的观点，指出人民的贫困状况就是管理工作的贫困状况，是政府的管理制度和政府行动造成的。人民在国家治理中不仅不是消极、负面的因素，还起到积极的作用。

马克思关于人民在国家治理中积极自觉作用的思想主要体现在《摩泽尔记者的辩护》和《评普鲁士最近的书报检查令》的文本中。关注贫苦大众的生活、为贫民阶层发声是马克思《莱茵报》时期政论文章的一个特点。摩泽尔河沿岸地区的葡萄种植者由于长期贫困进入了公众的视野，社会各界强烈要求普鲁士政府想办法解决摩泽尔地区的贫困问题，但是普鲁士政府深信摩泽尔河沿岸地区的贫困状况是不治之症，认为这

① 中共中央马克思恩格斯列宁斯大林著作编译局．马克思恩格斯全集：第一卷［M］．北京：人民出版社，1995：277.

② 中共中央马克思恩格斯列宁斯大林著作编译局．马克思恩格斯全集：第一卷［M］．北京：人民出版社，1995：314.

种贫困状况是摩泽尔地区葡萄种植者的懒散、轻率、不谨慎造成的，与政府的管理制度和行动无关。马克思指出摩泽尔河沿岸地区的贫困状况就是管理工作的贫困状况，这种贫困状况同时体现了现实和管理原则之间的矛盾，这种矛盾体现在“官僚等级制度的成规和那种把公民分为两类，即分为管理机构中的积极的、自觉的公民和作为被管理者的消极的、不自觉的公民的原则。”①因此，要实现国家治理，仅仅依靠政府是不够的，要正确地认识和解决重要的社会问题，需要人民群众的广泛参与，不是作为被管理对象的、消极地、不自觉地参与，而是积极地、自觉地作为主体力量的参与。马克思认为，这种主动地参与主要体现在自由报刊的参与，“自由报刊是人民精神的洞察一切的慧眼，是人民自我信任的体现，是把个人同国家和世界联结起来的纽带，是使物质斗争升华为精神斗争，并且把斗争的粗糙物质形式观念化的一种获得体现的文化。自由报刊是人民在自己面前的毫无顾虑的忏悔，大家知道，坦白的力量是可以使人得救的。自由报刊是人民用来观察自己的一面精神上的镜子，而自我审视是智慧的首要条件。”②

二、从具体到抽象：马克思主义国家理论视野下的国家治理问题

“分析经济形式，既不能用显微镜，也不能用化学试剂。二者都必须用抽象力来代替。”③同样，对国家治理问题的研究也需要抽象力，即通过对国家问题的法哲学思考才能发现其发展规律。1843 年 5 月，《莱

① 中共中央马克思恩格斯列宁斯大林著作编译局．马克思恩格斯全集：第一卷[M]．北京：人民出版社，1995：374.

② 中共中央马克思恩格斯列宁斯大林著作编译局．马克思恩格斯全集：第一卷[M]．北京：人民出版社，1995：179.

③ 中共中央马克思恩格斯列宁斯大林著作编译局．马克思恩格斯选集：第二卷[M]．北京：人民出版社，2012：82.

茵报》被查封后，马克思来到莱茵省的克罗茨纳赫小镇，潜心研究社会经济制度、国家及历史理论。在对黑格尔的法哲学批判中，国家理论成为马克思思考和研究的重点。《莱茵报》时期马克思直接接触了许多涉及国家、国家治理的现实具体问题，对国家与社会关系的问题有了很多感性认识，也有很多理性思考，但是仍然存在“苦恼的疑问”。马克思对欧洲主要国家两千多年的历史材料进行系统梳理分析后，建立了马克思主义国家理论，科学揭示了国家与市民社会的关系。1848 年欧洲革命和巴黎公社的实践为马克思主义国家理论注入新的原料。马克思《六月革命》《法兰西内战》《家庭、私有制和国家的起源》等著作中揭示了国家起源、本质、职能和国家消亡的必然性等问题。马克思和恩格斯对国家问题的抽象思考蕴含着深刻的国家治理思想。

（一）国家的起源和本质：认识和理解国家治理的前提

国家治理的前提是国家，国家是如何形成的，国家的实质是什么，对这些问题的回答规定了国家治理的基本范畴。马克思通过对黑格尔法哲学思想的批判，确立了正确的国家市民社会的关系，揭示了国家起源的秘密。黑格尔认为，家庭、市民社会和国家分别是客观精神发展的不同环节，家庭和市民社会是国家的概念领域，从国家中分离出来，是精神发展的有限性的表现，而国家是克服家庭和市民社会的局限性的自我实现，国家规定了家庭和市民社会。马克思认为，黑格尔把政治制度列为观念发展的一个环节，是露骨的神秘主义，把家庭和市民社会看成国家的产物，颠倒了现实和观念的关系。马克思明确指出，家庭和市民社会都是国家的前提，它们才是真正活动着的；而在思辨的思维中这一切却是颠倒的。可是如果观念变成了主体，那么现实的主体，市民社会、家庭、情况、任意等等，在这里就变成观念的非现实的、另有含义的客观因素[①]。事实却是这样的："国家是从作为家庭的成员和市民社会的成员而存在的这种群体中产生的。"[②]通过对国家与市民社会关系的探究，马克思确立了历史唯物主义，这不仅对于马克思主义的发展来说至关重要，对于认识国家的起源和本质来说也是至关重要的。

马克思和恩格斯共同创立的唯物史观明确了国家与家庭、市民社会的关系，在此基础上他们进一步指出"国家是阶级矛盾不可调和的产物"的重要观点。在《家庭、私有制和国家的起源》中，恩格斯说明了国家并非从来就有，并以西欧国家发展为例，详细论述了西欧国家从氏族制度的基础上发展出来的三种形式，即雅典国家形式、罗马国家形式和德意志形式国家，指出了国家与氏族不同的三个特点：一是按照区域划分国民，而不是以血缘关系建立起来的氏族或部落进行划分；二是设立了公共权力，这种公共权力不像在氏族社会直接是武装起来的居民；三是国家拥有了征税权，可以向居民征税，这是氏族社会所没有的。恩格斯指出："国家是社会在一定发展阶段上的产物；国家是承认：这个社会陷入了不可解决的自我矛盾，分裂为不可调和的对立面而又无力摆脱这些对立面。而为了使这些对立面，这些经济利益相冲突的阶级不致在无谓的斗争中把自己和社会消灭，就需要一种表面上凌驾于社会之上的力量，这种力量应当缓和冲突，把冲突保持在"秩序"的范围以内；这种从社会中产生但又自居于社会之上并且日益同社会相异化的力量，就是国家。"[③]国家的来源决定了国家的本质，国家是从社会中产生，是控制社会矛盾而形成的居于社会之上的强力机构，这个强力机构并不代表

① 中共中央马克思恩格斯列宁斯大林著作编译局.马克思恩格斯全集：第三卷[M].北京：人民出版社，2002：10.

② 中共中央马克思恩格斯列宁斯大林著作编译局.马克思恩格斯全集：第三卷[M].北京：人民出版社，2002：12.

③ 中共中央马克思恩格斯列宁斯大林著作编译局.马克思恩格斯选集：第四卷[M].北京：人民出版社，2012：186-187.

普遍的利益，而是经济上占统治地位的阶级剥削、压迫被统治阶级的工具。借助国家这个工具，经济上占统治地位的阶级在政治上也成为占统治地位的阶级，获得了政治权力，如公共权力、征税权力，也获得了剥削、压迫被统治阶级的新的手段。因此，国家的本质是阶级统治的工具。

（二）国家的两种职能：政治职能和社会管理职能

国家的产生是因为阶级矛盾不可调和，需要一种凌驾于社会之上的力量来缓和冲突，避免社会失序，陷入崩溃的境地。从这个意义上来说，国家作为一种强有力的设置，是管理社会、治理国家的一种工具，因而国家应该是国家治理的主体。国家治理有两种途径，一种是政治治理，一种是社会治理，这两种途径体现在马克思恩格斯国家理论对国家职能的论述中。在《反杜林论》这部经典著作中，恩格斯从国家的起源和本质出发，认为国家具有两种主要的职能，一种是阶级统治的工具，即政治职能；另一种是社会管理的职能，即社会职能。国家来源于社会，国家的社会管理职能是与生俱来的，在无阶级的原始公社就有这样的职能："在每个这样的公社中，一开始就存在着一定的共同利益，维护这种利益的工作，虽然是在全体的监督之下，却不能由个别成员来担当：如解决争端；制止个别人的越权、监督用水特别是炎热的地方；最后，在非常原始状态下执行宗教的职能。"[①] 而政治职能是社会管理职能衍生出来的，随着生产力的发展，人们之间的生产关系和社会关系日益复杂，社会管理需要由专门的人员和机构来负责，社会职能对社会的独立化逐渐上升为对社会的统治，这时就产生了国家以及国家的政治职能。国家的政治职能是通过社会职能来实现的，"政治统治到处都是以

① 中共中央马克思恩格斯列宁斯大林著作编译局．马克思恩格斯文集：第九卷[M]．北京：人民出版社，2009：186.

执行某种社会职能为基础的，而且政治统治只有在它执行了它的这种社会职能时才能持续下去。”[①]

马克思和恩格斯认为，无产阶级进行社会主义革命后，取得了国家的政权，这个时期是无产阶级专政时期。无产阶级专政条件下，国家仍然存在，国家的职能仍然是政治职能和社会管理职能，但是无产阶级专政下的国家职能又有着与其他阶级国家所不同的特点。首先，国家的政治职能的出发点是维护广大无产阶级利益，而不是为少数私有财产所有者服务。在《法兰西内战》中，马克思明确指出巴黎公社的实质是无产阶级专政，“是终于发现的可以使劳动在经济上获得解放的政治形式”[②]，“它所采取的各项具体措施，只能是显示出走向属于人民、由人民掌权的政府的趋势。”[③]其次，无产阶级专政条件下国家的职能是以实现改造社会经济关系的任务，铲除阶级和阶级赖以存在的经济基础为目的。要实现这样的目的，这就必须有一个强有力的国家，通过国家的主导来实现国家的治理。这个强有力的国家具备了采取强制手段的力量和组织，“这就是说，无产阶级不再在个别的场合同经济特权阶级作斗争，它获得的力量和组织使它足以在同这些阶级作斗争时采取普遍的强制手段。”[④]需要强有力的国家来实现国家职能的原因在于，从私有制的社会转向公有制社会是一个长期而艰巨的任务，没有强有力的设置很难完成这样的任务。“工人阶级知道，他们必须经历阶级斗争的几个不同阶段。

① 中共中央马克思恩格斯列宁斯大林著作编译局．马克思恩格斯文集：第九卷[M].北京：人民出版社，2009：187.

② 中共中央马克思恩格斯列宁斯大林著作编译局．马克思恩格斯选集：第三卷[M].北京：人民出版社，2012：102.

③ 中共中央马克思恩格斯列宁斯大林著作编译局．马克思恩格斯选集：第三卷[M].北京：人民出版社，2012：107.

④ 中共中央马克思恩格斯列宁斯大林著作编译局．马克思恩格斯选集：第三卷[M].北京：人民出版社，2012：107.

他们知道，以自由的联合的劳动条件去代替劳动受奴役的经济条件，只能随着时间的推进而逐步完成。（这是经济改造）”①。最后，这个强有力的国家是通过民主的方式而不是强制的措施来实行集权。因为，“巴黎公社是被选出来的”，并且还能防范国家工作人员由社会的公仆变为社会的主人，“保证本身能够防范自己的代表和官吏，即宣布他们毫无例外地随时可以撤换。”②

（三）国家消亡的必然性：国家治理回归社会治理

马克思和恩格斯认为，国家是生产力发展到一定阶段的产物，当社会生产力高速发展到一定的程度，阶级失去存在的基础，国家调和矛盾冲突的职能不再被需求，国家治理中的政治职能消失，仅剩下社会治理的职能，此时可以说国家“消亡”了。国家并不是凭空消失的，是需要特定“经济的、政治的、精神的”的条件为前提的。“无政府主义者提出的一天之内废除国家的要求”③是不切实际，也是没有理论和现实依据的。首先，国家的消亡需要“经济”的条件，只有生产力高度发达，社会产品极大丰富，每个人都有充足的生产生活资料实现经济自由，社会不会因为产品短缺而形成“物统治人”的异化现象，阶级才会不复存在，阶级的矛盾和冲突不复存在，国家就失去了存在的价值；其次，国家的消亡需要“政治”的条件，即无产阶级要掌握国家政权，通过强有力的国家政权镇压敌人的反抗，消灭阶级对立，把“和人民大众分离的

---

① 中共中央马克思恩格斯列宁斯大林著作编译局．马克思恩格斯选集：第三卷[M]．北京：人民出版社，2012：339.

② 中共中央马克思恩格斯列宁斯大林著作编译局．马克思恩格斯选集：第三卷[M]．北京：人民出版社，2012：54.

③ ④中共中央马克思恩格斯列宁斯大林著作编译局．马克思恩格斯选集：第三卷[M]．北京：人民出版社，2012：668.

公共权力”[①]还给人民；再次，国家的消亡需要“精神”的条件，即只有社会全体成员共产主义觉悟和道德极大提高的前提下，国家对人的存在基础和管理过渡到对物的管理和对生产过程的领导，这时国家才会失去其政治而走向消亡。可见，国家消亡的实质是国家政治管理职能的消亡，社会管理职能的加强，是在生产力高度发达的条件下，人民不必花费大量的时间来从事自己的必要劳动，可以有更多的时间来从事社会的公共事务，公共权力回归到人民手中，由人民自己管理社会的公共事务。

三、从抽象到具体的升华：政治经济学著作中蕴含的国家治理思想

马克思恩格斯国家理论中蕴含的国家治理思想是一种抽象的形式，抽象的形式是思维发展的一个阶段，最终要上升到具体才能形成国家治理思想的现实形式。从抽象上升到具体的方法是“科学上正确的方法”。马克思和恩格斯在政治经济学的研究中，科学揭示了资本主义生产的全过程和资产阶级剥削无产阶级的全部秘密，阐述资本主义经济危机产生的根本原因，提出要解决资本主义社会经济危机的根本手段，并指出要通过社会占有生产资料，自由劳动的联合以及分配正义等具体途径来走向社会主义社会。马克思和恩格斯的政治经济学著作不仅揭示了资本主义生产方式的秘密，也蕴含着未来社会实现国家治理的具体方式和手段。

（一）通过对经济危机的治理实现国家治理

马克思恩格斯在《共产党宣言》中就注意到资本主义国家的经济危

① 中共中央马克思恩格斯列宁斯大林著作编译局.马克思恩格斯选集：第四卷[M].北京：人民出版社，2012：132.

机，并阐明了资本主义经济危机的实质、表现和影响，明确指出“经济危机是资本主义国家的瘟疫”。进入政治经济学研究后，马克思对资本主义经济危机有了更深入的认识，对经济危机产生原因的揭示更详细具体，也更具说服力。马克思对资本主义经济危机的分析贯穿《资本论》的全过程，分别在《资本论》一、二、三卷中论述经济危机产生的原因及必然性，并明确指出消除经济危机是未来社会的必然要求，其中蕴含着通过经济危机的治理实现国家治理的思想。

在《资本论》第一卷研究资本的生产过程中，马克思从商品内在的使用价值和价值之间的矛盾出发，分析货币产生的原因及其内在矛盾，阐明了货币的流通手段职能和支付手段职能为经济危机的产生提供了可能性；在剩余价值生产理论中，马克思认为，剩余价值在资本家手中堆积得越多，资本和劳动的对立和矛盾越尖锐，而机器大工业生产方式的建立和发展使资本主义生产与流通之间的矛盾进一步加剧，从而使经济危机的现实性得到发展；在资本积累理论中，马克思揭示了随着资本有机构成的提高，必然导致财富在资本一方的积累和贫困在工人一方的积累，也必然造成消费需求特别是工人阶级的有效需求不足，这就为经济危机提供了另一个重要的现实性的条件。

在《资本论》第二卷研究资本的流通过程中，马克思论证了技术革命、劳动生产率的提高对资本循环的影响，“要素形式”成为资本主义经济危机的重要原因；在社会资本再生产理论中，马克思指出，由于社会分工越来越细，社会资本再生产过程本身的复杂性会导致比例失调，资本主义生产方式的无政府状态必然会导致社会再生产的各种内在比例关系遭到破坏，形成经济危机。

在《资本论》第三卷关于资本主义生产全过程的研究中，马克思揭示了资本主义经济危机的平均利润率下降规律，由于资本主义生产方式存在剩余价值生产与实现的矛盾、生产扩大与价值增值的矛盾、人口过剩和资本过剩的矛盾，这些矛盾综合在一起，造成了资本主义经济危机的必然性和资本主义生产方式的局限性；在关于信贷资本、信用资本和银行资本的理论中，马克思认为资本主义信用的发展一方面促进资本主义生产发展，另一方面也会带来经济危机和金融危机的爆发。

（二）建立“个人所有制”是国家治理的实现方式

打破资本主义私人占有的生产关系，实现全社会对生产资料和劳动产品的共同占有，是消除经济危机实现国家治理的重要途径。但是以什么样的方式实现公有制，什么样的方式才能保证社会全体成员能共同占有生产资料和劳动产品，从而为实现国家治理创造必要前提条件。在对国家的法哲学思考中，马克思恩格斯没有深入研究。进入政治经济学研究阶段，特别是在《资本论》中，马克思提出“自由人联合体”的思想，并且认为，建立“个人所有制”是实现公有制的有效途径。

首先，“个人所有制”实际上是“社会所有制”，是从“以社会的生产经营为基础的资本主义所有制”转化而来的公有制，是全体社会成员共同占有生产资料，个人以自由劳动“联合起来的个人所有制”。其次，“个人所有制”是生产力发展到一定程度的产物，是在资本主义时代打下的物质基础上建立起来的。“这种否定不是重新建立私有制，而是在资本主义时代的成就的基础上，也就是说，在协作和对土地及靠劳动本身生产的生产资料的共同占有的基础上，重新建立个人所有制。”[①] 第三，“个人所有制”的实现是长期的过程。由于“经济的社会形态的发展”是一个自然史的过程。因此，“一个社会即使探索到了本身运动的自然规律，它还是既不能跳过也不能用法令取消自然的发展阶段。但是它能缩短和减轻分娩的痛苦。”[②] 从私有制的阶段过渡到公有制的阶

① 中共中央马克思恩格斯列宁斯大林著作编译局．马克思恩格斯选集：第二卷[M]．北京：人民出版社，2012：300.

② 中共中央马克思恩格斯列宁斯大林著作编译局．马克思恩格斯选集：第二卷[M]．北京：人民出版社，2012：83.

段，自然是一个长久、艰苦、困难的过程。

（三）对“物的管理和生产的领导”是国家治理重要职能

在对国家的法哲学思考中，马克思和恩格斯提出，生产的无政府状态将由生产的有计划的组织所代替，国家将消亡，对人的统治将被对物的管理和对生产的领导所代替。但是，如何实现对物的管理，如何实现对生产的领导。

首先，马克思和恩格斯认为要重视生产的作用。生产与分配、交换、消费是辩证的统一体，但是生产具有决定性作用。物质生产，一定社会发展阶段上的生产，一定社会关系中的生产在经济社会发展中是起主导作用的。“生产既支配着与其他要素相对而言的生产自身，也支配着其他要素。过程总是从生产重新开始。”[①] 其次，马克思认为要提高劳动生产率。提高劳动生产率主要从几个方面着手：提高工人的平均熟练程度、提高科技发展水平及其转化率、提高生产过程的社会结合、提高生产资料的规模和效能。“工人的平均熟练程度，科学的发展水平和它在工艺上应用的程度，生产过程的社会结合，生产资料的规模和效能，以及自然条件。”[②] 再次，要保证社会总产品的增长，实现社会扩大再生产。在社会资本再生产理论中，马克思指出，社会资本再生产能够正常进行并不断扩大，社会生产的两大部类即第一部类生产资料和第二部类消费资料以及两大部类的各个副类之间、固定资本更新和折旧之间、价值和形态的替换之间都必须保持一定的比例关系。最后，建立有效的分配制度，既能充分调动劳动者的积极性，又能有计划地调节劳动在各个经济部门中的分配，使经济良性运行、协调发展。“我们假定，每个生

① 中共中央马克思恩格斯列宁斯大林著作编译局．马克思恩格斯选集：第四卷[M]．北京：人民出版社，2012：17.

② 中共中央马克思恩格斯列宁斯大林著作编译局．马克思恩格斯选集：第四卷[M]．北京：人民出版社，2012：100.

产者在生活资料中得到的份额是由他的劳动时间决定的。这样，劳动时间就会起双重作用。劳动时间的社会的有计划的分配，调节着各种劳动职能同各种需要的适当的比例。另一方面，劳动时间又是计量生产者在共同劳动中个人所占份额的尺度，因而也是计量生产者在共同产品的个人可消费部分中所占份额的尺度。”①

第二节 列宁的国家治理理论：对马克思主义国家治理思想的实践与探索

十月革命的胜利使社会主义实现了从理论到实践的飞跃，也开启了列宁对国家治理的思考和探索。新生的苏维埃政权有两个任务是必须完成的，一是推翻资产阶级，粉碎资产阶级的反抗和复辟，保护苏维埃政权的安全稳定；二是恢复和发展被战争和动乱破坏的社会生产，建立新的生产关系、劳动关系，持续不断发展社会生产力。两个任务互相支撑，互为前提，没有政权的稳定生产发展就没有社会根基，社会生产不能恢复和提高，政权的稳定也无从谈起。但是在列宁看来，更重要的是后面一个任务，因为这是带有根本性的、发展性的目标，只有建立了新的生产关系、劳动关系、社会关系，社会生产不断提高不断发展，带动上层建筑、社会风貌不断发展完善，才能从根本上解决苏联所面临的困难。在探索苏联经济发展的实践中，列宁坚持马克思主义政治经济学的基本原理，并根据时代的发展和实践的要求不断发展马克思主义经济管理思想，在马克思主义政治经济学上留下浓墨重彩的一笔。

① 中共中央马克思恩格斯列宁斯大林著作编译局.马克思恩格斯选集：第二卷[M].北京：人民出版社，2012：126-127.

一、把发展生产力作为国家治理的首要任务

经济基础决定上层建筑是马克思主义唯物史观的核心观点，列宁在马克思恩格斯关于经济基础决定上层建筑思想的基础上，根据俄国革命和建设的实践丰富和发展了这一马克思主义最重要的基本原理。十月革命后，列宁科学分析了俄国苏维埃的实际情况和现实困难，明确指出要把发展生产力、发展经济作为国家治理最重要、最艰难的任务来抓。十月革命的胜利使社会主义革命首先在经济文化落后的国家取得胜利，无产阶级掌握了政权。但是这并不意味着社会主义革命的最终胜利，根据马克思主义的基本原理，社会主义应该是建立在物质高度发达的基础上。因此，无产阶级必须大力发展生产力，为社会主义打下坚实的物质基础，最终才能夺取革命的胜利，建立社会主义社会。列宁在多个场合，多篇著作中从多个角度阐述了这个观点。

巩固和发展新生的政权，根本的着力点是恢复生产力，发展苏维埃的经济，不断提高劳动生产率。在《苏维埃政权的当前任务》一文中，列宁指出在夺取政权后，党和国家必须把工作重心转移到经济建设上来。只有把被破坏的生产力恢复了，社会秩序才能稳固，经济发展才有根基，才能巩固苏维埃政权。“现在提上日程的是恢复被战争和资产阶级统治所破坏的生产力，医治由战争、军事失败、投机活动和资产阶级妄图恢复被推翻的剥削者政权的行径所造成的创伤，发展国家的经济，稳固地维持基本秩序。”[①]列宁认为，苏维埃当前最大的困难是发展经济，不断提高被破坏的生产力，把经济发展起来是解决遇到所有困难的核心。“我们建立了使被压迫劳动群众能够十分积极地参加独立建设新社会的新型的国家，即苏维埃类型的国家，这还只是解决了困难任务的一

① 中共中央马克思恩格斯列宁斯大林著作编译局．列宁选集：第三卷[M]. 北京：人民出版社，2012：478.

小部分。主要的困难是在经济方面：对产品的生产和分配实行最严格的普遍的计算和监督，提高劳动生产率，使生产在事实上社会化。”①

不管是国内和平建设时期还是外国武装干涉和国内战争时期，列宁始终把经济工作当作中心工作来抓，始终把发展经济，提高社会生产力作为一切工作的抓手。在《论我们报纸的性质》一文提出“多谈些经济”“少谈些政治”，希望报纸搜集、审核和研究新生活建设中的各种事实，批评老一套的政治鼓动在报纸上占用篇幅太多。他呼吁“少来一些政治空谈。少发一些书生的议论，多深入生活。多注意工农群众怎样在日常工作中实际地创造新事物。多检查，看这些新事物中有多少共产主义成分。”②

列宁极为看重劳动生产率的提高，认为这是社会主义社会取得胜利的根本条件。无产阶级夺取政权不容易，夺取政权后还要巩固政权，也就是要镇压资产阶级的反抗，这个任务也是一个很大的困难，但是更大的困难在于要提高社会生产，引导劳动群众进行经济建设。在《在全俄省、县国民教育局政治教育委员会工作会议上的讲话》中，列宁就提出了教育必须联系政治，而政治最终要落脚于经济建设的问题。列宁认为，革命之后，教育任务应当被高度重视，而教育不能把自己孤立起来，教育要联系政治，而政治不仅是指各阶级之间的斗争，在粉碎资产阶级的反抗之后，政治更应当是从事国家的经济建设。在这里，列宁辩证地看待教育、政治与经济的关系，并把经济看作是当前最重要的工作。

列宁关于恢复和发展生产力，不断推动经济发展的相关论述，丰富和发展了马克思主义关于经济基础决定上层建筑的思想，指导苏俄恢复

① 中共中央马克思恩格斯列宁斯大林著作编译局．列宁选集：第三卷[M]．北京：人民出版社，2012：476.

② 中共中央马克思恩格斯列宁斯大林著作编译局．列宁选集：第三卷[M]．北京：人民出版社，2012：573.

国内生产，成功粉碎了国内反动势力和国外武装势力的反扑，巩固了新生的苏维埃政权，并为苏联在二十世纪二三十年代的经济快速发展奠定理论基础和经验启示。

二、把是否符合实际作为制定国家制度的出发点

马克思写的《哥达纲领批判》，对科学社会主义一个大的贡献就是第一次将共产主义社会分成两个发展形态或两个阶段，这就是共产主义社会的“第一阶段”（后来列宁称之为“社会主义”的阶段）和“高级阶段”。在《哥达纲领批判》中，马克思把共产主义社会分成两个发展形态，即共产主义社会的第一阶段和高级阶段。列宁继承和发展了马克思的这一思想，认为未来社会的两个阶段分别是社会主义阶段和共产主义阶段。社会主义是从资本主义社会发展过来的，因此不能全面盲目地排斥资本主义社会的一切东西，而应该把资本主义社会的优秀成果用于发展社会主义。在认识、评价资本主义社会与社会主义社会关系的问题上，列宁一直反对抽象地把资本主义和社会主义对立起来，他认为社会主义应该吸收资本主义的文明成果。他说：“只有那些懂得不向托拉斯的组织者学习就不能建立或实施社会主义的人，才配称为共产主义者。”①

经济社会发展落后的苏俄如何走一条符合现实情况的经济发展道路呢。列宁认为至关重要的一点是要吸收资本主义社会一切优秀成果来发展社会主义经济。首先是直接没收资本主义的生产资料、生产工具，使之为社会主义社会服务，如没收银行的资产、大资本家的资产等，没收的工作主要是在革命取得胜利后苏维埃政权开始执政阶段，列宁虽然有通过赎买的方式没收这些资产的想法，但是由于国内国外敌对势力的干涉，最终没有付诸实施。其次是要学习资本主义的先进管理经验，他

① 中共中央马克思恩格斯列宁斯大林著作编译局．列宁选集：第三卷［M］．北京：人民出版社，2012：536.

说：“社会主义能否实现，就取决于我们把苏维埃政权和苏维埃管理组织同资本主义最新的进步的东西结合得好坏。”① 最后是重视国家资本主义的作用，列宁认为苏俄在过渡时期存在五种经济成分，包括宗法式的经济、小商品生产、私人资本主义、国家资本主义和社会主义。在这五种经济成分中，“国家资本主义较之我们苏维埃共和国目前的情况，将是一个进步”②。列宁所说的国家资本主义，是国家能加以控制和调节的资本主义，而不是由资本家所掌控的资本主义，这是两者的本质区别。

列宁一直没有停止思考如何迅速恢复遭到国内外战争严重破坏的国民经济，他认为，充分利用资本主义国家的资金和技术是一个行之有效的方式。1920 年 11 月，列宁签署了《关于实行租让的一般经济条件和法律条件》的法令，以法律的形式对如何引入资本主义以及利用资本主义国家的资金和技术作出明确规定。这种“退让”使广大工农群众产生疑虑，列宁在俄共（布）莫斯科组织积极分子大会上作的关于租让的报告、在全俄苏维埃第八次代表大会上作的关于对外对内政策的报告中，从政治上和经济上详细地论述了租让政策的正确性和必要性：从政治上说，是利用帝国主义列强之间的对立和矛盾，恢复贸易联系，防止新的武装干涉；从经济上说，是利用资产阶级的资金把俄国无力开发的森林、土地、矿山租让出去的办法，获得资本主义国家的生产资料，学习先进的技术和管理。列宁明确指出：“不实行租让，我们就不能实行我们的纲领和国家电气化；没有租让，就不能在 10 年内恢复我国的经济，而只有我们恢复了经济，我们才不会被资本打败。租让并不是同资本主

① 中共中央马克思恩格斯列宁斯大林著作编译局．列宁选集：第三卷 [M]. 北京：人民出版社，2012：549.

② 中共中央马克思恩格斯列宁斯大林著作编译局．列宁选集：第三卷 [M]. 北京：人民出版社，2012：521.

义讲和，而是一场新领域内的战争。”①

在论证走一条符合苏联实际的经济发展道路时，列宁特别强调各种学术、技术和实际工作领域专家的作用，认为没有这些专家，苏俄的经济发展、向社会主义的过渡以及社会主义建设都是难以实现的。他在论证各类专家的重要性时指出：“没有各种学术、技术和实际工作领域的专家的指导，向社会主义过渡是不可能的，因为社会主义要求广大群众自觉地在资本主义已经达到的基础上向高于资本主义的劳动生产率迈进。”② 但是新成立的政权还没有来得及培养自己的专家队伍，而由于培养专家的社会环境是资本主义的，因此形成了资产阶级专家支配的局面，所以不得不采用旧的资产阶级的方式，同意对资产阶级最大的专家的“服务”付给高额报酬。这样的方式是“苏维埃国家政权后退了一步”，但这一步是必要的，是解决当前的极端困难所必需的。

国家计划委员会是统筹国民经济发展的重要部门，1921 年列宁在建议成立国家计划委员会时提出，科学技术专家和学者应在国家计委中占绝对优势。在《论统一的经济计划》一文中，列宁说明了国家计委组成的重要意义和广泛吸收非党专家参加国家计委工作的必要性，指出国家计委内的党组织不要热衷于发号施令，而要学会尊重科学技术专家踏踏实实地工作。列宁明确指出，管理俄国，必须“学会尊重那些‘科学和技术专家’的切实工作，为此就必须学会切实仔细地分析我们的许多实际错误，并且学会一步一步地坚持不懈地改正这些错误。”③

列宁提出要循序渐进地发展社会主义经济。列宁很清楚地意识到

---

① 中共中央马克思恩格斯列宁斯大林著作编译局．列宁选集：第四卷 [M]. 北京：人民出版社，2012：332.

② 中共中央马克思恩格斯列宁斯大林著作编译局．列宁选集：第三卷 [M]. 北京：人民出版社，2012：482.

③ 中共中央马克思恩格斯列宁斯大林著作编译局．列宁选集：第四卷 [M]. 北京：人民出版社，2012：443.

从经济社会落后的俄国过渡到社会主义社会的艰巨性，消灭阶级和消灭工农差别是社会主义的重要任务，而这个任务是无比艰巨的，极其困难的。列宁认为，“要解决这个任务，只有把整个社会经济在组织上加以改造，只有从个体的、单独的小商品经济过渡到公共的大经济。这样的过渡必然是非常长久的。”[①]列宁告诫说，采用急躁轻率的行政和立法手段，只会延缓小商品经济向公共的大经济的过渡，只会给这种过渡造成困难，而“只有帮助农民大大改进以至根本改造全部农业技术，才能加速这种过渡”[②]此外在论述社会主义社会劳动的特点时，列宁指出，在社会主义条件下还不能广泛而普遍地实行这种劳动。因此，要尊重俄国的实际情况，循序渐进地发展社会主义经济，不能急躁冒进。

三、把能否实际执行作为制定国家制度的落脚点

列宁的国家治理思想不仅包括优先发展生产力、走适应俄国国情的经济发展道路的战略举措，还对这些制度能否实际执行做出规定。正是由于这些具体的政策得到了贯彻执行，俄国很快恢复了被战争破坏殆尽的生产力，取得经济快速发展的重大成就，为巩固苏维埃政权、发展社会主义奠定了雄厚的物质基础。

一是制定土地制度，解决基本的经济社会问题。列宁认为，百废待兴的俄国要发展经济，首要的任务就是要平均土地。俄国 1917 年颁布的《土地法令》和 1918 年颁布的《土地社会化基本法》都规定平均分配土地，按劳动土地份额或消费土地份额平均分配土地：立刻无偿地废除地主土地所有制，把地主的田庄以及皇族、寺院和教会的土地交给乡土地委员会和县农民代表苏维埃支配。

① 中共中央马克思恩格斯列宁斯大林著作编译局．列宁选集：第四卷 [M]. 北京：人民出版社，2012：64.

② 中共中央马克思恩格斯列宁斯大林著作编译局．列宁选集：第三卷 [M]. 北京：人民出版社，2012：65.

二是制度金融制度，推进银行国有化。列宁认为，银行国有化对全体人民来说，好处都是非常多的。银行国有化并非剥夺私有财产，但是对于经济发展而言又意义重大。只有实行银行国有化才能对银行进行监督，“只有监督银行，监督这个资本主义周转过程的中枢、轴心和基本机构，才能在行动上而不是口头上做好对全部经济生活的监督，做好对最重要产品的生产和分配的监督，才能做到‘调节经济生活’。”[①]

三是制定经济制度体系，不断促进经济发展。首先是推进辛迪加国有化。要认真调节经济，不仅仅是要把银行国有化，各大工商业也要国有化，只有这样才能有效调节经济。列宁指出，“不采取步骤对工商业辛迪加（糖业、煤业、铁业、石油业等等辛迪加）实行国家垄断，不把这些辛迪加收归国有，而只把银行收归国有是行不通的。”[②]其次是制定取消商业秘密的制度。取消商业秘密就是使商业账目和商业周转公开化，列宁认为这是对社会经济运行有效监督的必然要求，只有取消商业秘密，人民监督地主和资本家才成为可能。“应当不怕打破旧的，不怕大胆建设新的，坚决彻底地实行由工人和农民对地主和资本家的监督。”[③]再次是强迫各类企业参加联合组织。列宁认为，强迫各类企业参加联合组织“一方面是国家对资本主义发展的推动”另一方面，强迫参加联合组织的意义还在于，可以使人民对经济的监督成本降低，更有效率。最后是建立调节消费制度。为了应对俄国被国内外战争破坏而造成的极端困难，必须调节消费，一是要求全体居民加入消费合作社；对富人实行劳动义务制；把一切消费品真正平均分配给居民；实行监督，要

---

① 中共中央马克思恩格斯列宁斯大林著作编译局．列宁选集：第三卷[M]．北京：人民出版社，2012：239.

② 中共中央马克思恩格斯列宁斯大林著作编译局．列宁选集：第四卷[M]．北京：人民出版社，2012：243-244.

③ 中共中央马克思恩格斯列宁斯大林著作编译局．列宁选集：第三卷[M]．北京：人民出版社，2012：277.

使富人的消费受到居民中贫苦阶级的监督。

四是建立高效合理的劳动制度，改造人们的客观世界和主观世界。列宁认为，在社会化大生产中，必须执行严格的劳动纪律，强化管理工作。他在论证社会主义经济管理的意义时指出，任何大机器工业都要求无条件的和最严格的统一意志，以指导千百万人的工作。《在全俄水运工人第三次代表大会上的讲话》和在俄共（布）第九次代表大会上作的中央委员会报告中谈到经济问题时列宁强调，为了迅速恢复国民经济，需要建立铁的纪律，需要有无产阶级及其政党的统一意志，需要加强一长制。列宁批驳那种认为集体管理是工人管理，个人管理不是工人管理的错误看法，指出一切问题的解决应当服从生产的利益。此外，列宁还建立了激励提高劳动生产率的制度。列宁在《怎样组织竞赛》一文中认为，社会主义竞赛是吸收群众参加社会主义建设、发挥劳动者的创造性和积极性的极好形式。

第三节　中国特色国家治理理论：对马克思主义国家治理思想的创新发展

理论是行动的先导，理论指导实践，中华人民共和国成立以来特别是改革开放以来当代中国之所以能够取得“两大奇迹”成就，原因在于中国特色国家治理理论。“中国之治”理论到底有何特殊，有何独到之处，讲清楚这个问题是建立制度自信，形成制度意识，使全体人民自觉尊崇制度，执行制度，敬畏制度的根本前提条件，因而意义重大。不可否认，中国特色国家治理理论是在继承中华民族优秀传统治国理论的历史基础上，批判吸收人类文明的一切优秀成果，在社会主义国家治理经验教训的基础上，经过一代代中国共产党人带领中国人民长期实践，不断开拓创新而形成的。与传统国家治理理论，西方国家治理理论、苏联模式的国家治理理论相比，中国特色国家治理理论不管是价值立场还是发展观念，都有很大的不同。但是总有一些人把中国之治与其他国家治理理论的某些方面等同起来，造成了很大的思想困扰，在意识形态和社会价值体系上消解国家治理理论，致使治理目标难以实现，制度很难被尊崇和执行，影响国家治理效能。因此，必须澄清“中国之治”理论与其他治国理论的联系和区别，全面系统明确地阐明“中国之治”理论的超越性和创造性，消除思想困扰，为推进国家治理体系和治理能力现代化，建立制度自信、实现国家治理效能奠定了坚实的思想基础。

一、对传统国家治理理论的时代超越

中国传统文化蕴含丰富的国家治理理论，是新时代“中国之治”取之不竭用之不尽的文化资源和思想支撑。从大历史的视角看，中国是唯一政治体系颇为稳定，文明延续从未出现长久中断的国家，这得益于中国传统国家治理理论在整个历史发展脉络中得以贯穿始终，这些主导中国“治道”的国家治理理论包括“大一统”的国家观念、以民为本的治理价值理论和德法并治的工具理论。

首先是大一统的国家观念。首先是大一统的国家观念。“大一统”是中国传统国家治理思想中极为重要的一个观念，没有社会的“大一统”，没有国家的“核心”，天下必然会纷争不止，造成国家四分五裂、分封割据，必然会兵戈四起，人民流离失所，社会发展进步受到很大阻碍。只有天下“定于一”才能结束战乱，恢复安定，进入和平发展时期。“定于一”是天下大势所趋，也是自然灾难多发，地理区域相对封闭的中国必然要采取的国家形式。大一统思想是中国传统国家治理的主要思想之一，大一统的目标不仅要达到地域上的统一，政治、经济、文化和思想等也要达到统一，它的目标是要实现天下归一，人民安居乐业，从而不断促进社会的稳定和国家的繁荣昌盛。国家分裂必然会造成群雄割据，社会动荡，民不聊生。人民朴素的愿望都是能够尽早结束战乱，希望天下能够安定稳定发展，所以在战乱时期大一统的国家观念也就成为大势所趋。当处于和平时期，黎民百姓就格外珍惜这来之不易的和平与稳定，历代君王就会通过政治、法律、文化等制度慢慢重建社会秩序，从而实现国家的稳定和繁荣。所以，在实现大一统的过程中，通过各种制度、法律等规范社会秩序就显得尤为重要，因为这是国家发展和社会进步的根本保障。

其次是以民为本的价值理论。中国传统“民本”思想源远流长，传承不断，在不同时期也各具内涵和特色。“民惟邦本，本固邦宁”；“民为贵，社稷次之，君为轻。是故得乎丘民而为天子，得乎天子为诸侯，得乎诸侯为大夫。”诸如此类的理论，在中国传统政治文化中数不胜数。而“民本”思想本身就寄托着中华民族对善治、对秩序、对美好生活的追求，也包含着人民对专制力量的反抗，暴政思想的抵触。近代中国的思想家把“民本”与“民主”结合起来，认为“民本”是“民主”的前提，大大拓展了中国传统“民本”思想的内涵，也为近代中国国家治理理论注入新的活力。

最后是德主刑辅的治理工具理论。在古代，“德主刑辅”的基本内涵是指：国家统治者实施统治、治理国家的过程中要以封建礼仪教化为主、以刑事惩罚为辅来实现政权的稳固和社会的安宁。该内涵存在以下三方面的具体内容：一是“德治”作为治国理政的首选项，惩治违法行为时“德教的地位高于并优先于刑惩”①。董仲舒认为人具有趋利避害的自私本性，这种本性使正常社会秩序有被破坏的危险，为防止违法犯禁行为的发生，一个主要的有效办法就是预先对民众进行教化②。道德教化是一种较为温和的统治、管理手段，能以一种潜移默化、低成本的方式影响民众的心理和行为，从而较早地将一些违法犯禁的潜在因子消灭于

① 许莹.德刑共治：论“德主刑辅”思想及其对我国现代刑事政策的影响[J].青年与社会，2020（20）：77-78.

② 韩星，单长城.礼法合治、德主刑辅、王霸结合：汉代国家治理模式的确立及其现实意义[J].孔子研究，2019（6）：19-27.

萌芽状态。二是重视“德治”不意味着忽视、放弃刑罚的威慑作用。西汉思想家董仲舒认为“治理国家，在重视道德教化的同时，不能否定刑罚的作用，只是他将刑罚置于次要和从属的地位。”[①] 他清醒认识到德治不是万能的，需要以刑罚来补充、兜底，不然社会正常秩序仍然有被破坏，甚至毁灭的危险。三是“德”与“刑”是一软一硬的治国手段，二者不是截然分开的，而是紧密结合在一起的，两者偏废任何一边，“德主刑辅”就无法成立了。

“中国之治”理论从国家观、价值理论、工具理论三个方面实现了对传统国家治理理论的时代超越。从国家观而言，“大一统”是帝王个人的大一统，与普通的人民没有太大关系，其目的是维护封建统治，所谓“普天之下莫非王土，率土之滨莫非王臣”说的就是这种理论。而“中国之治”统一的国家观，则是全体人民的“大一统”，是 56 个民族的“大一统”，是由中华文化浇灌，中华民族共同体意识维系的“大一统”；从价值理论来说，传统“民本”思想很难制约封建君主的权力，要达成以民为本的目标，更多地需要统治阶级的道德自觉，中国封建社会在多方面取得诸多成就，但仍然掩盖不了普遍存在的苛政、暴政及周期性的社会动荡和朝代更替。“中国之治”的“民本”，则是如毛泽东所说的“我们要行仁政”的“民本”，是马克思主义治理理论指引下的“民本”，是以最广大人民群众的根本利益为追求的“民本”；从工具理论来说，“德主刑辅”中的“德”，是以儒家为代表的封建道德，这种封建道德在鲁迅的杂文里被说成是“吃人的”仁义道德，由此可见其虚伪性和反动性，其目的只不过是维护封建社会秩序而已，并非促进民智发展。“中国之治”理论倡导依法治国与以德治国相结合，并且把“全面依法治国”作为根本国策，实现了从工具理论上对传统国家治理理论的

① 韩星，单长城．礼法合治、德主刑辅、王霸结合：汉代国家治理模式的确立及其现实意义 [J]. 孔子研究，2019（6）：19-27.

突破和超越。

二、对西方国家治理理论的阶级超越

西方国家治理理论主要有两种相互交锋的价值理论，一种是由柏拉图开创，经亚里士多德、黑格尔、桑德尔不断补充、不断发展而形成的以共同善目的为主导价值取向的国家治理理论，另一种是从伊壁鸠鲁的原子论的自然观出发，经洛克、卢梭等人发展而成的权利正义观念。两者在国家治理的目的、过程、个人与国家的关系等问题上存在尖锐对立，前者强调共同善价值的根本性，后者强调个人权利价值的优先性。[①]共同善目的国家治理理论强调国家治理的共同目的是头等重要的，正义是实现共同善目的的过程安排和制度安排，共同善的目的就是要实现全体人民的共同利益，国家是一个紧密团结的统一体，并非个人的简单相加，个人只有在共同体中才能找到存在的价值和意义。而与共同善目的国家治理理论争鸣的是国家治理的权力正义理论。这种理论注重过程安排，特别是制度安排，认为正义的过程必然会带来正义的结果。因此，国家治理首要的任务是保护个人的权利不受侵犯，人的生命、自由、财产要得到保护，国家是由个人构成的，每个人的权利受到了保护，那么整个国家的权力就会得到保护，个人对于国家具有前提性和优先性。可以说，西方国家的治理理论主要由这两种相互对立的价值观念来主导，进而建章立制，在根本上影响西方国家治理活动。当代西方国家的治理模式，并没有超出这两种国家治理观念探讨的范畴，要么是对共同善目的理论的坚守，如新保守主义国家治理观；要么是对权力正义理论的坚守，如新自由主义国家治理观念；或者是对二者的调和而产生的理论，如“第三条道路”国家治理观。

① 刘敬鲁．当代西方国家治理研究的两种价值取向及其意义[J]．哲学动态，2015，（1）：36-44.

新保守主义国家治理观坚持国家的团结、统一、秩序良好这些共同善目的国家治理理论的重要元素，坚持国家、集体比个人有优先属性，因此就要重构国家的权威。新保守主义者，特别是丹尼尔·贝尔和塞缪尔·亨廷顿认为，国家权威缺失是造成一切社会秩序混乱，政治秩序不稳，从而导致政治衰败的根源，因此要重塑国家权威。新保守主义者把国家权威缺失的原因归咎于普通民众的民主参与，认为由于民众参与的盲目扩大，出现"民主过剩"现象，导致国家政治秩序混乱。因此，就要重建政府权威，通过制度化的手段和方式维护民主国家的政治稳定。新保守主义给出的方案有两种：一是要节制民主，即通过提高民主的门槛，限定民主的适用范围和实行一定范围的政治冷漠和政治回避来解决民主过剩的问题；二是要减少平民参与政治，让更多的科学家和专业研究人员对社会重大问题作出决策，因为专家掌握着大量的专业知识和很强的政治力量，能保证作出的决策是科学正确的。从新保守主义者的治国理论看，更多的是把国家权威的缺失归咎于平民参与政治进而要求一种精英把控政治，把大多数的平民阻挡在国家治理的大门外，虽然鼓吹的是一种民主制度，但实质上还是资本逻辑在国家治理活动中的体现。

新自由主义则是对权力正义价值理论的坚守，认为国家过于强大，过分干预经济、政治、社会等方面，已造成西方文明的一些核心价值理论处于危险之中，没有了这些价值理论，个人的生命、自由、财产得不到有效保护，国家和社会就会陷入强权的泥淖。以哈耶克为代表的新自由主义者，反对集体主义的各种经济主张，他们假设人的理性是有限度的，很难通过谋划出一个完美的方案来控制社会秩序和社会生活，因此政府不能太过干涉经济与社会的正常运转，农场、工厂、公司、各种团体都有其存在的价值，只要它们的主动性创造性得以发挥，社会就会不断向前发展。要平衡政府权力，防止政府成为整个社会的唯一大脑而破坏人类文明的发展进步。

“第三条道路”实质上是对共同善目的理论和权力正义理论调和的产物。第三条道路主要有几个方面的特征，首先在民主政治方面提倡“协商民主”，与社会主义协商民主不同，“第三条道路”的协商民主指的是权力的非中心化、国家公共职能的扩大化、直接民主和提高行政效率；其次，在个人与国家关系方面，提出要建立积极的公民社会，既要尊重个人意愿，又要有共同体意识，更具包容精神，调和劳资关系，缓和社会冲突。既要发展个人能力，培育公民独立负责的精神，又倡导国家承担更多的责任，建立积极有效的福利政策；在经济政策方面，第三条道路主张实行混合经济，既要有市场经济，又要有计划经济，把二者结合起来，从而发挥二者的优势，克服它们的缺陷，实现更好的经济效率。

不管是新保守主义、新自由主义还是“第三条道路”的国家治理理论，都存在着阶级局限性。新保守主义要重塑国家权威，但是认为国家权威的缺失是由于平民参与政治而造成的，于是提出专家治国，实际上就是由资产阶级来主宰国家。新自由主义国家治理观的实质还是资本逻辑，并非真正的“自发秩序”，而是“资本的秩序”。第三条道路希望调和个人与集体的关系，提倡“协商民主”，既要发展个人能力，又要求国家承担更多责任，但实际上是以劳动阶层和穷人的牺牲来换取大企业的利益和社会福利。可见，西方国家的这几种治理理论，实际上都是资本的自娱自乐，不能脱离资本的支配和资产阶级的掌控。

中国国家治理理论超越了西方国家治理理论的阶级局限，是一种“以人民为中心”的国家治理理论。“以人民为中心”的国家治理理论，实质上就是把实现好、维护好、发展好最广大人民群众的利益作为国家治理的根本追求，把人民当作国家治理的根本动力。紧紧依靠人民开展国家治理活动，充分尊重人民在国家治理活动中所创造的经验、所发挥的作用，充分尊重人民群众的主动性和创造性，向人民求教治国之道，向人民学习治国之策。站稳人民立场，才能实现对西方国家治理理论的阶级超越，才能坚定了正确的价值观念，进而巩固国家治理效能的阶级基础。

三、对苏联国家治理理论的模式超越

苏联的解体，宣告了苏联国家治理理论的失败。关于苏联解体的原因，学界有多种解读，主要包括：政治体制僵化论、经济失败论、民族分裂论、制度模式衰败论、改革亡国论、文明冲突论等。这些解释让人们从多个方面认识到苏联解体的主客观原因，也为其他社会主义国家的改革和发展提供很多教训和启示。但从诸多研究成果来看，意识形态的失败而导致国家治理理论的错误，是导致苏联难以维持国家长治久安的根本原因。马克思主义经典作家一直强调要以科学的态度对待马克思主义，但是在苏联的实践中，马克思主义被教条化。斯大林时期对意识形态进行严格的管控，人们的人身自由和财产自由被极大限制，斯大林去世后苏联领导层又实行意识形态多元化，放弃了马克思主义在意识形态中的指导地位，最终使整个苏联社会思想混乱，思潮涌动，人心惶惶，最终导致社会秩序的整体崩溃。苏共二十八大制定了“人道的、民主的社会主义”的治国理论，这种与马克思主义背道而驰的治国理论具体应用到实际制度中就会产生这样的一些倾向：私有经济取代公有制的主体地位，放弃共产党的执政权和领导权，把马克思列宁主义在意识形态上的指导地位取消掉，实行意识形态多元化。“人道的、民主的社会主义”的治国理论很难在苏联社会形成共识，不能形成统一的思想和意志，不管是国家治理的领导主体还是中坚力量，都不满意这种理论，因此造成人心涣散，最终导致苏联亡党亡国。

中华人民共和国成立后，关于如何建设社会主义，如何治理一个国家的问题，除了苏联是唯一可以借鉴的经验，没有任何其他的社会主义模式可供参考。因此，“苏联的今天就是我们的明天”，向苏联学习社会主义建设经验，学习治国之道，成为中华人民共和国成立初期的必然选择。但是，随着国家治理不断推向深入，“向苏联学习”已经不能满足中国国家发展的要求。苏共二十大召开之后，毛泽东率先提出“以苏为鉴”，要将中国的社会主义建设与中国的实际情况结合起来，而不能照搬照抄苏联的做法和经验。1956 年 4 月，在中共中央书记处会议上，毛泽东坚定地指出：“现在是社会主义革命和建设时期，我们要努力实现马克思主义同中国实际的第二次结合，找出中国社会主义革命和建设的正确道路。”① 从 1959 年开始，毛泽东针对党在领导全国人民进行经济建设时遇到理论不足的问题，认为要从马克思主义相关理论中寻找指引和答案，这样才能更好地指导社会主义现代化建设。但是，他提出不能盲目地照搬照抄苏联的社会主义建设经验，要结合自己的实际情况，“创造新的理论，写新的著作，产生自己的理论家，来为当前的政治服务，单靠老祖宗是不行的。”② 要坚持“从群众中来、到群众中去”、坚持“没有调查就没有发言权”、坚持“群众路线”，以实现马克思与中国实际情况的第二次结合，实现马克思主义中国化，在推进马克思主义中国化的过程中实现对国家的有效治理。

从“以苏为师”到“以苏为鉴”，中国共产党独立探索中国特色社会主义建设道路和国家治理之道，取得了重要的理论成就。毛泽东《论十大关系》提出了一系列不同于苏联模式的新的思路，为国家经济治理提出很多新理论和新方法：包括，以辩证的眼光看待重工业和轻工业、农业的问题，提出要优先发展重工业，但也要保障人民的生活需要，发展轻工业和农业；如谈到国家、集体、个人的关系时，“国家和工厂，国家和工人，工厂和工人，国家和合作社，国家和农民，合作社和农民，都必须兼顾，不能只顾一头。无论只顾哪一头，都是不利于社会主

① 吴冷西．十年论战：1956—1966 中苏关系回忆录 [M]. 北京：中央文献出版社，1999：23.

② 中共中央文献研究室．毛泽东文集：第八卷 [M]. 北京：人民出版社，1999：109.

义，不利于无产阶级专政的”[①]；在中央和地方关系上，强调要发挥好中央和地方两个积极性。这些从借鉴苏联模式的经验出发而形成的对国家治理初步探索的指导思想直到今天还闪耀着真理的光辉，不迷信不盲从，以我为主，走自己的路，独立自主，以实事求是的路线探寻治国之道。这些理论和方法对形成“中国之治”的理论奠定了思想基础和方法基础。

中国之治的国家治理理论不是其他国家社会主义国家治理理论的再版，既没有固守僵化的模式开展国家治理，又坚守马克思主义国家治理的基本理论，根据自身的实际情况创造性地构建自身的治理理论，从而在“模式”上实现了对其他社会主义国家治理理论的超越。国家治理理论对“模式”的超越，就是对僵化的国家治理“外壳”的突破，使“中国之治”的理论更加坚定灵活，适应性更强，能更好地应对各种风险挑战，战胜各种艰难险阻，指导国家治理活动取得更加辉煌的成就。

四、中国特色国家治理理论是价值与真理的统一

中国特色国家治理理论符合科学规律，是符合马克思主义真理观的理论，而“中国之治”国家治理理论的真理性，就在于它能正确揭示中国国家治理发生发展的内在逻辑，能正确指导国家治理活动，能实现国家治理效能。马克思主义认识论认为，真理是标志主观同客观相符合的哲学范畴，是人们对客观事物及其规律的正确反映。所谓对客观事物的正确反映，就是关于客观事物的认识与客观事物本来的面目相符。当代中国取得的一切发展进步，很好地说明了中国特色国家治理理论正确反映了国家治理的内在逻辑，正确反映了国家治理的本来面目。真理具有客观性即它能对客观事物及其规律做出正确反应。真理还具有主观形

① 中共中央文献研究室．毛泽东文集：第八卷[M]．北京：人民出版社，1999：30-31.

式，这是一切认识所固有的，但使某一认识成为真理的决定性条件，并不在于它采取何种主观形式，而在于它的客观内容，即在于它正确地反映了客观事物，正确地反映了对象的本质和规律。真理的客观性决定了任何把主观的东西作为检验真理的标准都是错误，如把“集体的知觉”“人类的理性”“有效”“有用”等主观的东西作为检验真理的标准必然会导致混乱的局面，无法划清谬误与真理的界限，只有实践才是检验真理的唯一标准。中国特色国家治理理论既关注主观的形式，把国家治理的领导主体、执行主体、资源配置主体、参与主体当作国家治理的动力，又关注客观的内容，把国家治理目标、国家治理制度作为目标导向和工具支撑，从而在主观形式和客观内容上达到了统一，形成了真理性的国家治理理论。

中国特色国家治理理论具有价值正确性。“中国之治”国家治理理论的价值正确性表现在站稳了人民立场，以最广大人民的利益为宗旨，依靠人民开展国家治理活动，始终坚持国家治理为了人民、依靠人民、造福人民、保护人民。价值不是某种实体，也不能归结为兴趣、情感和欲望。价值是主体和客体之间一种特定的关系，即客体以自身属性满足主体需要和主体需要被客体满足的效益关系。价值包含主体、客体和实践三个范畴：主体及其需要是价值形成的依据。价值是相对于人而言的，只有人才能是价值主体，是价值的创造者、实现者和享有者；客体及其属性是价值关系形成的又一根据。价值是一定客体对主体的价值，没有客体，就不会形成主客体之间的关系，也就不会有价值的关系；实践是价值关系形成的基础。主体及其需要是在实践中形成和发展的，主体和客体的关系也是通过实践才能产生和发展。国家治理活动必须遵循价值原则，即人类追求价值，注重效益，充分满足主体需要的原则。国家治理活动的价值原则意味着人要按照人的内在需要和内在尺度去认识世界和改造世界，使国家治理为主体“所用”。因此，从价值原则的角度来看，认识国家治理的面目和规律不是目的，认识国家治理主体本身或人的抽象的“自我意识”也不是目的，把二者通过国家治理主体的治理活动有效结合起来，使之达到统一和和谐才是目的。人类活动只有遵循价值原则，活动本身才能满足主体的需要，主体与客体的矛盾才会得到解决。

从真理原则出发，人类必须按照国家治理内在逻辑及其规律本身去认识国家治理活动，并以此为基础指导国家治理实践；从价值原则出发，人类要按照人本身的尺度和需要去践行国家治理理念。真理原则和价值原则看似矛盾，实际上二者在实践的基础上实现了具体的、历史的统一。真理与价值相统一是马克思主义的根本方法和重要原则，更是国家治理理论必须遵循的重要方法论。中国特色社会主义国家治理理论完成了对传统国家治理理论的阶级超越、对西方国家治理理论的阶级超越、对苏联国家治理理论的模式超越，实现了价值与真理的辩证统一。

第四章　中国特色国家治理的历史发展

当代中国取得的一切发展进步特别是经济快速发展和社会长期稳定的“两个奇迹”，实际上是国家治理效能的外在表现。要深入了解“中国奇迹”的内在逻辑，必须深刻揭示中国特色国家治理的历史逻辑及其背后的制度密码，只有这样才能够找出中国特色社会主义所取得的伟大成就的根本原因所在，才能为实现“第二个百年奋斗目标”，实现中华民族伟大复兴的中国梦提供宝贵的历史经验。

第一节　新民主主义革命时期对制度建设的艰辛探索及其历史遗产

早在新民主主义革命时期，中国共产党就对如何治理一个国家作出宏伟规划和精细描绘，对新社会的政治制度、经济制度、文化制度都有过理论探索和实践探索，这些探索成为后来国家治理的重要经验和制度结晶，为中华人民共和国成立以后的制度建设提供了丰厚的历史经验。马克思主义的学说并不只是暴力革命，更多的是面向未来，建立一个新的世界。在新民主主义革命时期，中国共产党不仅仅是要打破旧的落后的反动的制度，更重要的是要建立新的制度。“在这个新社会和新国家中，不但有新政治、新经济，而且有新文化。这就是说，我们不但要把一个政治上受压迫、经济上受剥削的中国，变为一个政治上自由和经济上繁荣的中国，而且要把一个被旧文化统治因而愚昧落后的中国，变为一个被新文化统治因而文明先进的中国。”①

一、局部执政期间对国家政治制度的初步探索

新民主主义革命时期，中国共产党只是在革命根据地和延安边区局部执政，但是以毛泽东为代表的中国共产党人着眼长远，面向未来，根据中国的实际情况和具体实践对政权建设进行了长期艰苦的探索，明确提出人民民主政权的性质和任务、政权组织形式、政党制度等一系列问题，创建了有中国特色的人民民主政权制度，既解决了局部执政期间革命根据地和边区政府的政治制度问题，也为中国特色社会主义道路的政权建设奠定了实践基础和思想基础。

土地革命战争时期，中国共产党开辟了多个根据地，对政治制度的探索也开启了从理论到实践的征程，并在此基础上进一步探索和完善国家制度与治理模式。中国共产党在根据地对政治制度的探索成果集中体现在1931年成立的中华苏维埃共和国临时中央政府的实践中。1931年11月7日至20日，中华苏维埃第一次全国代表大会在江西瑞金召开，大会通过了《中华苏维埃共和国宪法大纲》，规定了革命政权的性质是工农民主专政，中华苏维埃共和国最高政权为全国工农兵会议（苏维埃）的大会，工农劳动人民在政治、经济、文化各方面的基本权利等。《中华苏维埃共和国宪法大纲》受苏联宪法影响很大，存在着内容不够系统完备、部分条款不符合中国国情等方面的不足，但是它从原则上规

① 毛泽东．毛泽东选集：第一卷[M].北京：人民出版社，1991：663.

定了民主政权的工农性质，建立的乡、区、县、省和全国五级工农兵代表大会制度成为人民代表大会制度的雏形，直接影响到我国的根本政治制度，决定了中华人民共和国成立以后的政体选择。

抗日战争时期，中国共产党对政治制度建设的探索经历了“三三制”政权、参议会制度、民主联合政府政权形式。中国共产党在这一时期对政治制度的探索，不仅为边区政府的有效治理提供了制度基础，也为中华人民共和国成立后的制度构建奠定了理念基础。

首先是关于“三三制”的探索。为了团结一切可以团结的力量建立最广泛的抗日民族统一战线，中国共产党对政权建设进行了新的探索与设计，创建“三三制”政权模式。毛泽东在《抗日根据地的政权问题》一文中指出：“在抗日时期，我们所建立的政权的性质，是民族统一战线的。这种政权，是一切赞成抗日又赞成民主的人们的政权，是几个革命阶级联合起来对于汉奸和反动派的民主专政。它是和地主资产阶级的反革命专政区别的，也和土地革命时期的工农民主专政有区别。”[①] 所以“三三制”政权的性质是抗日民族统一战线政权。

其次是参议会制度的探索。参议会制度是在工农兵代表大会制度基础上发展起来，采取国民党地方政权咨询机构的政权组织形式。随着抗日民族统一战线正式建立，共产党领导下的根据地政权性质发生变化，1937 年 9 月中共中央将中华苏维埃共和国中央政府改称为陕甘宁边区政府。参议会制度主要有几个特点：一是政权的阶级基础扩大了。二是在边区和县普遍设立参议会，是代表机关，又称民意机关，为最高政权机关。三是实行更加广泛的民主政治。参议会制度既保证了中国共产党对抗日民主政权的领导，又调动了各抗日阶级和阶层的积极性，大大加强了各阶级、各党派的团结。参议会制度的确立，是中国共产党在根据地实施政权建设进入一个新的阶段的重要标志。

① 毛泽东．毛泽东选集：第二卷[M]．北京：人民出版社，1991：741.

最后是要建立民主联合政府。建立民主联合政府，这是中国共产党关于新民主主义革命政权建设的方针。周恩来在延安各界举行的双十节庆祝大会上发表题为《如何解决》的演讲中强调：“只有这样的国事会议和联合政府，才是全国民主的真正起点。”[①]“如果不变更一党专政的实质，不变更现在执行的各项错误政策，即使国民党政府肯邀请各方参加，那依然是请客式的一党政府，绝不是各党派的联合政府。”[②]可见，中国共产党人对于如何建立联合政府有着清醒的认识。

二、以土地制度改革为中心初步探索国家经济制度

马克思恩格斯在《共产党宣言》中指出，无产阶级取得政权后，要“尽可能增加生产力的总量”。因为，共产党人的最高理想是实现共产主义社会，要实现“各尽所能，按需分配”的原则，没有高度发达的社会生产力，是不可能的。因而，马克思恩格斯把加快社会生产力的发展看作无产阶级夺取政权后的主要任务。中国共产党在局部执政中非常重视发展社会生产力，明确提出要构建符合中国国情的经济制度，以土地制度改革为中心，初步构建和形成了新民主主义革命时期的经济制度。

正确的制度理念是有效治理的根本。在革命根据地建设中，中国共产党非常重视经济制度的建设，极为重视通过建立制度推动经济发展。“在现在的阶段上，经济建设必须是环绕着革命战争这个中心任务的。革命战争是当前的中心任务，经济建设事业是为着它的，是环绕着它的，是服从于它的。那种以为经济建设已经是当前一切任务的中心，而忽视革命战争，离开革命战争去进行经济建设，同样是错误的。”[③]可见，

① 中央档案馆．中共中央文件选集：第十四册[M]．北京：中共中央党校出版社，1992：334.

② 中央档案馆．中共中央文件选集：第十四册[M]．北京：中共中央党校出版社，1992：334.

③ 毛泽东．毛泽东选集：第一卷[M]．北京：人民出版社，1991：123.

在根据地经济建设这一问题上，毛泽东分析了经济工作与革命战争的关系，强调革命战争是中心任务，经济工作必须围绕革命战争这个中心任务来开展；但是革命战争又不能离开经济工作，离开物质基础就无法动员群众，革命战争就变成无源之水、无本之木，不能持续发展。毛泽东不仅从根本上转变了根据地广大官兵重军事、轻经济的思想，而且为根据地经济发展道路的探索奠定了思想基础。

农民问题是中国革命需要解决的首要问题，而土地问题则是解决农民问题的关键，解决好土地问题就能不断激发农民革命热情，增强革命动力。土地制度改革不仅仅是简单的经济问题，更是关系革命成败的重大问题。因此，新民主主义革命时期，中国共产党以土地制度改革为中心，在革命根据地、边区政府所能控制的区域里面根据革命的形势和任务制定相应的土地制度，成为经济制度的中心内容。“工农武装割据”的思想则是中国共产党成立初期对经济制度探索的重要体现，这一思想的本质在于要把土地革命与武装斗争、根据地建设结合起来，三者互相促进。没有土地革命就不能发动农民参加武装斗争，没有武装斗争土地革命就难以维持下去，也就不会有根据地建设的成就。要开展土地革命必然会涉及深层次的土地制度问题，也就是经济制度的核心问题，必须用土地公有制取代土地私有制，以此来解决中国的土地问题。中国革命的敌人极为强大，不仅包括武装到牙齿的帝国主义，还包括他们的爪牙大资产阶级和大地主阶级，这就决定了中国革命的艰巨性和长期性，也必然决定了中国革命要想持续存在和长久发展必须依赖一定的物质资料和生产资料。由于对农民问题和土地问题的关注，中国共产党在不同的历史时期都会根据形势的发展和主要矛盾的变化制定适合革命实际情况的土地制度。在土地革命战争时期，中国共产党提出了以土地公有制取代土地私有制，运用革命手段改变旧的农村生产关系，废除封建土地私有制，建立社会主义土地公有制的构想，先后制定了《井冈山土地法》《兴国土地法》，改变了几千年来地主剥削农民的封建土地关系，从法律上保障了农民对土地的合法权益。在抗日战争时期，中国共产党为了调动各阶级阶层人们抗战的积极性，巩固抗日民族统一战线，制定了以减租减息为主要内容的土地制度。解放战争时期，根据形势的发展变化，发布了《五四指示》和《中国土地法大纲》等指导土地制度改革的文件，明确规定，废除封建性及半封建性剥削的土地制度，实行耕者有其田的土地制度。乡村中的一切地主的土地及公地，不分男女老幼，统一平均分配，使全乡村人民均获得同等的土地，并归各人所有。

在这样一个经济文化十分落后的国家进行经济建设，发展生产力是极为艰巨的任务，必须把制度建设放在首要位置，牢牢依靠人民，将马克思主义基本原理同中国实际和时代特征结合起来，坚持独立自主走自己的路，制定符合实际情况的经济制度，才能保证中国革命取得胜利。以构建符合中国国情的土地制度为中心的经济制度探索让中国共产党在新民主主义革命对经济发展有了更深刻的认识，这也为中华人民共和国成立后的经济制度构建提供了实践经验和奠定了理论基础。

第二节　社会主义革命和建设时期国家治理体系的奠基和治理效能初步显现

社会主义革命和建设时期，面对一个经历战争洗礼而百废待兴的国家，中国共产党领导全国各族人民努力奋斗，不仅巩固了新生的人民政权，还搭起了国家制度的四梁八柱，初步建立起了国家制度体系，人民生活水平稳步提升，国家实力、科技实力不断提高，构建了基本完备的国民经济体系，国家治理效能初步显现。

一、形成和发展正确的制度构建理念

中华人民共和国成立后，关于如何治理国家，如何建设社会主义，中国共产党没有任何实践经验，除了向苏联学习，没有任何经验和模式

可供参考。面对美国对中国的政治孤立、经济封锁、军事威胁的“遏制孤立”政策，我国与苏联签订了《中苏友好同盟互助条约》并从苏联获得了多项援助。第一个五年计划期间，苏联就派来3000多名专家承担了156项骨干工程的援建，不仅帮助我国初步建立了基础工业体系和军事国防工业体系，还培养了大量人才，不仅解决了社会主义建设初期极为宝贵的工业原材料和设备，还对中国的国家治理理念和制度构建产生极为重要的影响，“苏联的今天就是我们的明天”，向苏联学习社会主义建设经验，成为中华人民共和国成立初期的必然选择。

但是，国家治理是一个复杂的问题，并不是照搬照抄其他国家的经验就可以成功的，既要按照国家治理的一般规律去构建国家治理体系和治理能力，还要结合本国的实际去发展和运用一般性国家的规律，使之能符合中国的现实需要。因此，以毛泽东为代表的中国共产党人对如何治理国家这一问题进行了长时间的思考，特别是探索马克思主义同中国实际的“第二次结合”，即马克思主义中国化的问题。苏共二十大召开之后，毛泽东率先提出，“以苏为鉴”，要将中国的社会主义建设与中国的实际情况结合起来，即“第二次结合”。他提出了不能盲目地照搬照抄苏联的社会主义建设经验，要结合自己的实际情况，要坚持“从群众中来、到群众中去”、坚持“没有调查就没有发言权”、坚持“群众路线”，以实现马克思主义与中国实际情况的第二次结合，实现马克思主义中国化。指导思想的变化也对国家治理的理念、目标、方式等产生很大的影响，我国的国家治理从“以苏为师”向“以苏为鉴”转变，在这一过程中发生了深刻变化，更加适合中国的实际情况。

中华人民共和国成立以后的国家治理，实际上就是一个解决社会矛盾的过程。中国共产党通过深入分析我国的国情，以及社会主义存在的各种矛盾后，提出了著名的“社会矛盾学说”，明确了社会主义改造完成后我国主要矛盾的转变，为构建和完善各种制度、实现国家治理提供理论支撑。毛泽东认为，矛盾是存在着任何一种社会形态的，矛盾并不是完完全全的不好，对于世界的构成具有决定性的作用。“在社会主义社会中，基本的矛盾仍然是生产关系和生产力之间的矛盾，上层建筑和经济基础之间的矛盾。”“正是这些矛盾推动着我们的社会向前发展。”①同时，毛泽东同志对于社会主义矛盾论又进行了较为深刻的研究和细化，他在《论十大关系》中指出：“一、重工业和轻工业、农业的关系；二、沿海工业和内地工业的关系；三、经济建设和国防建设的关系；四、国家、生产单位和生产者个人的关系；五、中央和地方的关系；六、汉族和少数民族的关系；七、党和非党的关系；八、革命和反革命的关系；九、是非关系；十、中国和外国的关系。”“这十种关系，都是矛盾。世界是由矛盾组成的。没有矛盾就没有世界。”②他运用唯物辩证的方法，对社会主义社会的发展规律进行分析，特别是深入剖析了社会主义社会矛盾的特殊性，进而提出了社会主义社会的基本矛盾问题。

发现矛盾，才能解决矛盾，从而达到治理国家的目的。“我们的任务是要正确处理这些矛盾。”③处理矛盾是为了更好地建设社会主义社会，更好地调动一切积极的因素，而正确处理人民内部的矛盾已经成为社会主义建设中的矛盾重点。因此，毛泽东同志提出了在各个社会主义建设领域中如何解决人民内部矛盾的一系列方法和政策，如在经济领域提出了“统筹兼顾、适当安排”；在政治领域，他提出了“团结—批评—团结”的方针；在党的建设方面，他提出了“民主集中制”的原则；在科学文化艺术方面，他提出了“百花齐放，百家争鸣”的方针。同时，毛泽东同志强调针对社会主义建设的各个领域中出现的矛盾，需要从实际出发，根据各个建设领域中的实际情况来处理人民内部之间的矛盾，总结出有针对性的方法。关于正确如何治理国家，以毛泽东同志为核心的

① 中共中央文献编辑委员会．毛泽东著作选读：下册[M]．北京：人民出版社，1986：766-767.

② 中共中央文献研究室．毛泽东文集：第七卷[M]．北京：人民出版社，1999：44.

③ 中共中央文献研究室．毛泽东文集：第七卷[M]．北京：人民出版社，1999：44.

党的第一代中央领导集体在深刻分析了各领域的人民内部矛盾的基础上总结出的指导思想，结合中国的实际情况采取了正确的策略制定了科学合理的制度，共同推动中华人民共和国在多个领域的建设和发展取得伟大成就。

二、初步建立国家制度体系

中华人民共和国成立初期对国家治理的探索，主要体现在对制度建设和制度体系的创立上。这个时期所创立的各种制度，成为中国社会发展的根本规范，今天中国取得的一切发展进步，国家治理的一切成果，无不是源于这个时期所创立的制度和制度体系。

一是创建了以《中华人民共和国宪法》为核心的法律体系。1954年全国人民代表大会第一次会议通过的《中华人民共和国宪法》，标志着我国从此有了社会主义性质的根本大法，一切国家治理活动有了根本遵循，一切个人和组织的行为有了基本规范。根据《中华人民共和国宪法》，《中华人民共和国全国人民代表大会组织法》《中华人民共和国国务院组织法》《中华人民共和国人民法院组织法》《中华人民共和国人民检察院组织法》等一系列法律制度得以制定和执行，开启了我国制度体系建设的新征程，也为后面社会主义建设各个时期的制度建设奠定了法律基础。

二是创建了人民民主专政的国体。国体反映的是社会各阶级在国家中的地位，是国家的阶级本质。《中华人民共和国宪法》规定："中华人民共和国是工人阶级领导的、以工农联盟为基础的人民民主专政的社会主义国家。"根据中华人民共和国成立初期制度设计的安排，人民民主专政的基本原则是指对人民实行最广泛的民主，即"中华人民共和国公民有言论、出版、集会、结社、游行、示威、宗教信仰的自由。"同时要对敌对势力实行专政，这个专政的对象有两个方面，一是国内的反动派、破坏者，解决的是国内敌我矛盾；二是外部敌对势力的颠覆和侵略。人民民主专政的国体保障了国家政权的稳固，是实现国家治理效能的根本前提。

三是创建了人民代表大会制度的政体。政体指的是一个国家的政权组织形式，政体是由国体决定的，我国的人民代表大会制度的创立就是为了适应人民民主专政的国体。人民代表大会制度是实现人民民主专政的根本保证，而这其中，最重要的就是要实现人民当家做主，因为从根本上说，一切权力属于人民。此外，人民代表大会制度还要在民主集中制的原则下运行。毛泽东同志指出：用宪法这样一个根本大法的形式，把人民民主和社会主义原则固定下来，使全国人民感到有一条清楚的明确的和正确的道路可走，就可以提高全国人民的积极性。人民代表大会制度是中国历史上第一个真正由人民当家作主的政权组织形式，既是马克思主义“人民主体”思想的重要体现，也是中国近代历史发展的必然选择。马克思所创立的历史唯物主义认为，人民群众是历史的创造者。“历史活动是群众的事业，随着历史活动的深入，必将是群众队伍的扩大”。[①]人民作为创造中国历史的主体，或者说作为国家社会生活的主体，也必将是国家政治权力的所有者。人民代表大会制度的根本思想在于“一切权力归人民”，在这个根本思想的指导下，中国共产党在新民主主义革命时期对人民代表大会的形式进行过艰难的探索，为中华人民共和国成立后人民代表大会制度的最终确立奠定了实践基础。

四是创立以社会主义公有制和按劳分配为主体的社会主义经济制度。中华人民共和国成立初期是中国共产党开始全面执政的开端，对领导经济工作处于初步探索阶段，对于如何实现公有制和按劳分配制度理论准备和实践经验都不足，建立起来的制度受苏联传统模式影响较大，有一些不完善的地方。但不可否认的是，这一制度在当时生产力较低的

① 马克思，恩格斯.马克思恩格斯全集：第2卷[M].北京：人民出版社，1957：104.

历史时期大体上保障了人民的基本生活需要，还为国家大规模工业化建设积累了资金，工业、农业的发展都得到很快提高。同时，建立起来的经济制度也为改革开放后基本经济制度的调整提供了正反两方面的经验教训，奠定了理论和实践基础。

五是创立了中国共产党领导的多党合作和政治协商制度。中国共产党领导的多党合作和政治协商制度是中华人民共和国成立后中国共产党探索和建立的新型政党关系。中国共产党领导的多党合作和政治协商制度不仅解决了中国共产党与各民主党派在新形势新阶段的相互关系问题，还巩固和发展了人民民主专政政权。政治协商制度形成于新民主主义革命胜利时期，为巩固人民民主统一战线发挥了非常重要的作用，在中华人民共和国成立初期还发挥了全国人民代表大会的职责，可以说这一制度是生长在中国大地上的一项政党制度。虽然第一届全国人民代表大会第一次会议召开后，中国人民政治协商会议执行全国人民代表大会职权的任务宣告结束，但其作为人民民主统一战线的职责仍然存在。新民主主义革命取得胜利以后，国家主要矛盾、中国共产党面临的形势和任务都发生了根本性的变化，如何处理同民主党派的关系成为必须谨慎思考和认真回答的重要问题。关于新民主主义革命胜利后民主党派何去何从的问题，中国共产党党内和民主党派内部之间都有着各种不同的意见。在中国共产党党内，有人认为民主党派在革命胜利以后就应该自行取消，他们在革命时期没有作出贡献或者贡献过小，安排民主党派人士和无党派人士担任政府领导的职务是不恰当的。在民主党派内部，也有两种极端的意见，一种认为民主革命的任务完成了，民主党派就没有存在下去的必要了；还有一种倾向认为民主党派不仅要继续存在，还应合并成一个大党，与中国共产党分庭抗礼。在这些纷繁复杂的意见面前，中国共产党从马克思主义政党政治的基本原理出发，结合民主党派在新民主主义革命时期和中华人民共和国成立初期的各种表现和作用，坚持原则，保持定力，创造性地探索出了中国共产党领导的多党合作和政治协商制度这一基本政治制度。

六是创立了社会主义意识形态体系。意识形态工作是党的一项重要工作，更是国家治理的重要方面。中华人民共和国成立初期，我国初步建立了以马克思主义为指导的宣传思想、思想政治教育、知识分子工作、文化教育等方面的制度体系，确立了马克思主义在意识形态领域的主导地位。初步形成了一些原则准则，如坚持社会主义道路，坚持中国共产党的领导、“百花齐放、百家争鸣”等，为解决意识形态的工作提供了基本原则。

七是创立了民族区域自治制度。民族压迫是近代中国落后的重要原因之一。孙中山先生在其革命主张“三民主义”中把“民族主义”列为其中之一，由此可见民族问题在中国的重要性。我国作为一个统一的多民族国家，民族平等、民族团结问题一直是实现国家独立、民族复兴的根本前提。1949 年，《中国人民政治协商会议共同纲领》对新民主主义革命胜利后如何处理民族问题作出明确回答：“各少数民族聚居的地区，应实行民族的区域自治。”中国共产党在探索民族区域自治制度的过程中，根据时代的前进和形势的发展，特别是中国共产党由局部执政转入全国执政后碰到的新情况新问题，不断赋予民族区域自治制度以深刻内涵。首先，切实保障革命中的自治和平等权利。《中华人民共和国民族区域自治实施纲要》（以下简称《实施纲要》）《实施纲要》规定：各民族自治区统为中华人民共和国领土的不可分离的一部分。各民族自治区的自治机关统为中央人民政府领导下的一级地方政权，并受上级人民政府的领导。各少数民族聚居的地区，依据当地民族关系，经济发展条件，并参酌历史情况，得分别建立各种自治区。

《实施纲要》还对民族自治机关、自治权利、自治区内的民族关系、上级人民政府的领导原则等问题作了具体规定。《实施纲要》是根据中国少数民族的特点而制定的民族区域自治政策的实施办法。《实施纲要》在各少数民族聚居地区得到认真地贯彻实行，使中国的民族区域自治工作取得较大的进展。要实现民族区域自治，培养和使用少数民族干部是重要的途径，本民族的干部参与本民族的重要事务，民族自治才更有实质性。我国实行的民族区域自治制度，解决了旧中国存在的民族歧视和民族压迫问题，创造性地解决了长期以来困扰国家发展的民族问题，为各民族的团结发展、共同进步提供了制度保障。

三、国家治理效能初步显现

社会主义革命和建设时期所取得的伟大成就，从国家治理效能维度而言，体现在经济层面生产力的逐步提升和建立起了独立和完整的国民经济体系，体现在政治方面是建立了从中央到地方的各级人民政权机关，体现在社会建设方面是取缔了旧社会遗留的弊端建立了新的社会秩序和社会风气，体现在文化科技建设方面则是教育科技文化事业的除旧布新，全面发展。

巩固了新生的人民政权，成功经受了执政之初的各种考验。歼灭国民党留在大陆的有生力量，广西、贵州、四川、西藏等宣布和平解放。开展大规模的剿匪作战，清除土匪上百万，基本稳定了社会秩序。没收官僚资本，为社会主义改造奠定物质基础。发起“银元之战”和“米粮之战”，打击投机倒把，稳定物价和统一全国财经，巩固经济发展秩序。开启社会主义建设，农业、重工业、轻工业等国民经济的各部门取得长足发展，工业化能力不断提升，开启了走向社会主义现代化的步伐。商业贸易逐步恢复，城乡物资交流通畅，国营商业和合作社经济成为经济流通领域的主体并发挥越来越重要的作用，持续推动经济发展。社会领域的建设和发展取得瞩目成就，改革封建婚姻制度，颁布《中华人民共和国婚姻法》（现已随《民法典》施行而废止），树立婚姻自由、男女平等的思想，形成新的社会风气。社会秩序明显好转，社会道德水平明显提高。

建立起比较完整的工业体系和国民经济体系，奠定国家治理的坚实物质基础。经过几个五年计划的建设，我国建成了一批门类比较齐全的工业项目，包括冶金、汽车、机械、煤炭、石油、电力、通信、化学等领域，主要工业产品的生产能力发展迅猛，钢铁产量、发电量、原油产量、原煤产量、汽车产量都比中华人民共和国成立初期有了极大提高。一批交通运输线、输油管线相继建成，极大推动我国交通运输业的发展。大规模开展“三线建设”，重新布局中国工业布局，为中西部带来难得的发展机遇。

文化教育医疗卫生科技事业确定长足发展，国家治理效能多方面彰显。在文化教育方面，文盲率不断降低，中小学及高校的数量及在校生人数不断提高，人才培养数量和质量显著提升。医疗卫生事业蓬勃发展，医院的数量、医院的床位数明显提高，全国人均预期寿命从 1949 年的 35 岁提高到 1981 年的 68 岁。科技领域取得一系列重大成就，中国第一颗原子弹、第一颗氢弹相继爆炸成功，第一颗人造地球卫星升空，第一颗返回式遥感人造地球卫星发射成功，成功提取青蒿素挽救上百万人的生命。

“从新中国成立到改革开放前夕，党领导人民完成社会主义革命，消灭一切剥削制度，实现了中华民族有史以来最为广泛而深刻的社会变革，实现了一穷二白、人口众多的东方大国大步迈进社会主义社会的伟大飞跃。”① 社会主义革命和建设时期所取得的伟大成就彰显了在中国共产党的领导下国家治理效能的初步显现，为改革开放后国家治理体系的调整和治理效能的不断提高奠定物质基础、实践经验和人才队伍储备。

① 中国共产党十九届六中全会．中共中央关于党的百年奋斗重大成就和历史经验的决议[M].北京：人民出版社，2021：14.

第三节　改革开放新时期国家治理体系的调整和治理效能逐步提高

改革开放新时期是国家治理体系调整的关键时期，经过不断调整和完善，国家治理效能显著提高，我国实现了“经济飞速发展，跨入中等收入国家行列”的目标。毋庸置疑，在改革开放新时期，中国共产党始终坚持走中国特色社会主义道路和坚持社会主义根本制度不动摇，从我国社会主义初级阶段的基本国情出发，从多方位、多角度、多途径不断探索实现社会主义制度的有效路径，使中国特色社会主义制度不断得到发展和完善，为解放和发展社会生产力、增强国家治理能力等方面提供了有力保证，不断完善和发展中国特色社会主义制度，国家治理效能逐步提高。

一、以探索社会主义本质为主线开启制度改革步伐

国家治理更多的属于上层建筑，上层建筑则是由经济基础决定的。如果不能解放和发展生产力，推动经济社会发展，则国家治理就会是一种无效的或者失败的治理。人类社会发展总是以生产力与生产关系、经济基础和上层建筑的矛盾运动为基本动力的。改革开放以来，中国共产党始终立足社会主义初级阶段的基本国情，坚持从实际出发，通过不断的实践、探索、改革和创新，主动调整和变革生产关系和上层建筑，使整个国家的治理取向从“以阶级斗争为纲”向“以经济建设为中心”调整，使之更好为适应和推动生产力和经济基础服务。这期间一系列的改革举措，涉及多维度的制度设计、多层级的政治引导、多元化的主体参与，最终的指向就是“集中一切积极因素发展经济、壮大经济”，也正因如此，才能实现从站起来、富起来到强起来的伟大飞跃。

历史的教训告诉人们：只有走中国自己的道路才能成功。基于无数的成功与失败的实践进行的反思、总结是明朗的，更是富有说服力的，审视“来时路”后，中国开始了筚路蓝缕的大发展时期，努力探索出一条适合中国发展的社会主义道路。邓小平在改革开放之初强调：“过去行之有效的东西，我们必须坚持，特别是根本制度、社会主义制度、社会主义公有制，那是不能动摇的。”[①] 中国坚持在立足国情和世界发展趋势的基础上，不断对制度进行完善和创新，进一步深化了生产关系和上层建筑的改革，使之不断“纠偏”“修正”，不断适应生产力和经济基础的发展，从而建立与之相适应、行之有效的社会制度。

以邓小平同志为核心的党的第二代领导集体提出并回答了“什么是社会主义，怎样建设社会主义”的时代问题，明确了社会主义发展的本质要求。1978 年，党的十一届三中全会把党和国家的工作重心转移到经济建设上来，并作出了改革开放的伟大决策，让中国人民群众受到改革开放春风的洗礼和享受改革开放的发展成果。通过实施家庭联产承包责任制、发展多种所有制经济、改革国有企业等，极大促进了中国社会经济的发展，这是中国共产党人在实践中对马克思主义基本原理的创造性运用和创新性发展，也体现了对社会主义制度的积极探索和大胆尝试。党的十一届三中全会后，面对改革初期出现各种动荡的社会思潮，邓小平发出“走自己的道路，建设有中国特色的社会主义”的号召，并明确提出坚持四项基本原则，为坚持和发展中国特色社会主义制度确立了基本发展方向。

1992 年，邓小平在南方谈话中提出了一系列具有创新性的思想，为改革开放注入新鲜血液和动力。“社会主义的本质，是解放生产力，发展生产力，消灭剥削，消除两极分化，最终达到共同富裕。”[②] 邓小平

---

① 邓小平．邓小平文选：第二卷[M]．北京：人民出版社，1993：133.

② 邓小平．邓小平文选：第三卷[M]．北京：人民出版社，1993：372.

关于社会主义本质的表述，超越了旧政治经济学关于所有制、计划经济与市场经济、分配制度等的探讨，为建立新的经济制度和制度体系奠定思想基础。而关于姓“资”还是姓“社”的争论，邓小平则用“应该主要看是否有利于发展社会主义社会的生产力，是否有利于增强社会主义国家的综合国力，是否有利于提高人民的生活水平”[①]这三个有利于的标准来衡量，直接打破了旧有思想和体制的束缚。

党的十一届三中全会后，我国迈入改革开放新的历史发展时期，这一时期，我们党对于国家致力于探索社会主义的发展方向和适合本国发展的社会主义道路。任何国家成功的改革模式和发展道路都不可能直接拿来套用，必须结合本国实际情况，探寻适合本国发展的改革之路。中国凭借着“摸着石头过河”的经验，通过艰辛探索和实践逐渐形成了较为完整的社会主义制度体系。党的十四大以后，以江泽民同志为核心的党的第三代中央领导集体和以胡锦涛同志为总书记的党中央积极推进了党的各项制度建设，中国特色社会主义基本经济制度和各种民主政治制度基本形成。

二、在实践中不断发展中国特色国家制度体系

在改革开放初期，中国共产党通过“摸着石头过河”探索国家制度建设，大力推进制度体系创新，不断深化改革与大胆突破，推动中国特色社会主义制度发展到新的高度。改革开放新时期我们国家对制度建设的探索和实践“奠定巩固的基础、确立正确的方向”，形成中国特色国家制度体系，为国家治理效能的实现和逐步提高奠定制度基础。

邓小平同志以他的远见卓识，对世界发展大势作出了改革开放的伟大决策，对内进行改革、对外进行开放，开创了中国特色社会主义，推动了中国特色社会主义制度的初步形成。邓小平同志积极用自己的行动

① 邓小平．邓小平文选：第三卷[M]．北京：人民出版社，1993：371.

践行马克思主义思想，坚持运用马克思主义的立场、观点和方法结合中国国情进行改革，取得了一系列优异的改革成果，为中国特色社会主义的发展奠定了坚实的基础。

十三届四中全会以来以江泽民同志为主要代表的中国共产党人坚持科学社会主义基本原则与中国特色社会主义现代化建设相结合，形成了“三个代表”重要思想，不断丰富和发展中国特色社会主义制度。其中包括完善和发展坚持党的领导，完善和发展人民当家作主和依法治国相统一的制度，完善和发展以人民为中心的各项制度，坚定不移地发展社会主义民主政治制度等。

十六大以来，以胡锦涛同志为主要代表的中国共产党人以科学发展观为统领，不断探索和实践，持续推进制度创新，在经济、政治、文化、构建和谐社会、生态文明建设等方面形成了一整套符合中国实际，行之有效的制度体系，以制度建设为基础不断提高国家治理效能，“在全面建设小康社会的伟大实践中，成功坚持和发展了中国特色社会主义”。①

治理中国这样一个经济文化落后的国家是一项极其艰巨的任务，制度建设在任何时候都是一个极其重要的问题。我们党在百年探索的过程中，紧紧依靠人民，历尽艰辛，付出了各种代价，独立自主地走自己的路，按照各个阶段的实际情况不断完善和发展国家制度，啃下每一个困难时期的硬骨头，在改革中取得巨大成功，创造和发展中国特色社会主义，从根本上改变了中国人民和中华民族的前途和命运。

三、实现了“经济飞速发展，跨入中等收入国家行列”的国家治理效能

改革开放新时期，党和国家通过带领全国人民不懈奋斗、自力更生

① 曲青山．中国共产党百年辉煌[N]. 光明日报，2021-03-26（11）.

和自主创新，国家经济实现快速增长，国家综合国力不断增强，人民群众利益需求不断得到实现和满足。经过不懈努力，我国从一个贫穷落后的国家，跃升为世界第二大经济体，最大的出口国，实现了“经济飞速发展，跨入中等收入国家行列”的国家治理效能。

“进入中等收入国家”是改革开放新时期国家治理效能逐步提高的重要体现。根据世界银行的统计资料显示，在 1997 年以前，我国虽然在改革开放以后生产力得到很大提高，经济快速发展，但由于历史起点低，长期属于低收入国家。经过不懈努力和持续奋斗，我们国家进入中等偏下收入国家的行列，这对于国家治理而言是一个具有里程碑意义的进步。2010 年，我国超过日本成为世界第二大经济体，出口超越德国成为世界第一出口国，我国的人均国民收入接近中等偏上收入国家的平均值，这一数据说明中国进入中等偏上收入国家的行列。国家经济社会不断发展的过程，实际上就是国家治理效能不断提升的过程。

此外，我国还实现经济高质量发展，为国家治理效能的进一步提升打下良好的基础。改革开放以来，中国积极顺应世界发展潮流，融入世界市场，逐步加强与世界各国的商业和经济交流，不断加快现代化建设，解放和发展生产力，逐步建立起世界上最完整的现代化工业体系。中国人民多次经历过自然灾害和国际金融危机等重大挑战，但始终以团结一致、众志成城的坚定信念，攻坚克难，使社会长期保持稳定发展。我国一直能够实现经济发展和社会稳定的双赢局面，得益于中国特色社会主义制度和国家治理体制的显著优势。实践是检验真理的唯一标准，中国特色社会主义制度是经得起实践检验和多重考验的制度体系。

第四节　党的十八大以来国家治理体系不断完善和治理效能充分激发

进入新时代，中国在昂首阔步向着宏伟目标坚定前行的同时，也面临一系列更加复杂的问题和挑战。为确保中国特色社会主义事业始终沿着正确轨道前进，要充分发挥制度的保障和推进作用，通过进一步全面深化改革激发制度活力、形成制度红利、释放制度优势。党的十八大以来，在以习近平同志为核心的党中央坚强领导下，以推动国家制度更加成熟和更加定型为目标，全面推动各重要领域和关键环节深化改革，把国家制度建设和治理能力摆在更加突出的位置，不断健全中国特色社会主义制度与体系。党的十八届三中全会提出了336项推进全面深化改革的重大举措，如今在多个核心领域和重要环节取得显著成效，在主要领域基本形成了基础性制度体系，进一步健全了国家治理能力体系和提高了国家治理能力现代化水平。中国特色社会主义制度是我国社会安定有序、促进民族团结和国家长治久安的制度保障，是社会发展与历史演变的必然选择和实践自觉。“实践证明，中国特色社会主义制度和国家治理体系是以马克思主义为指导、植根中国大地、具有深厚中华文化根基、深得人民拥护的制度和治理体系。”①党的十八大以来，党中央坚持理论创新、实践创新、制度创新、文化创新及其他各方面创新的有机统一，推动了中国特色社会主义制度走向更加成熟、更加定型。

一、把“实现中华民族伟大复兴的中国梦”作为国家治理的根本目标

党的二十大报告明确指出，到2035年，我国将“基本实现国家治理体系和治理能力现代化”。满足人民日益增长的美好生活需要成为新时代中国特色社会主义发展和提高国家治理现代化水平的重要目标，人民对美好生活需要的追求内涵不断丰富、层次不断提升，人民群众不仅追求丰富的物质文化生活，对幸福感、获得感的追求也与日俱增。

① 本书编写组.《中共中央关于坚持和完善中国特色社会主义制度、推进国家治理体系和治理能力现代化若干重大问题的决定》辅助读本[M].北京：人民出版社，2019：2-3.

实现中华民族伟大复兴的中国梦是近代以来中华民族努力奋斗的目标。习近平总书记指出："实现中国梦必须走中国道路、弘扬中国精神、凝聚中国力量。"[①] 坚持以人民为中心是国家治理的出发点和落脚点，体现了以人为本的价值理念。人民在国家治理过程中发挥着重要的作用。习近平在党的十九届四中全会上指出，国家治理必须"紧紧依靠人民推动国家发展"[②]。有效的国家治理体系和高水平的国家治理能力是实现中国梦的重要保障，只有坚持以人民为中心的价值取向，重视倾听人民的心声，发挥人民的作用，维护人民的利益，才能不断地满足人民对美好生活追求，实现物质和精神的共同富裕。

全面推进中国特色社会主义现代化建设，实现中华民族伟大复兴的中国梦绝不是轻轻松松就能实现的，往往隐藏着许多未知的风险挑战。越是接近目标越是要时刻准备应对重大挑战、抵御重大风险、克服重大阻力、解决重大矛盾，提高风险预见和预判能力，严密防范各种风险挑战。稳定有序的国际环境和世界秩序是中华民族伟大复兴所必需的外部条件，早在 19 世纪马克思就昭示了"世界历史"的发展趋势。中国的发展离不开世界，而世界的发展也离不开中国。世界各国的经济、政治、文化、军事等方面的交流、交融、交锋不断增强，既给人类社会发展带来诸多机遇，也带来了很多未知的挑战。党的十八大以来，我国不断推进全面深化改革，成熟稳定的制度必然随之出现。党的十八届三中全会首次提出了全面深化改革的总目标，即完善和发展中国特色社会主义制度、推进国家治理体系和治理能力现代化。这是中国特色社会主义制度发展进程中的重大战略调整，不仅要将制度改革与制度定型有效相结合，而且还将中国特色社会主义制度优势有效转化为高水平高质

---

① 习近平．在文艺工作座谈会上的讲话 [M]. 北京：人民出版社，2015：22.

② 本书编写组．《中共中央关于坚持和完善中国特色社会主义制度、推进国家治理体系和治理能力现代化若干重大问题的决定》辅助读本 [M]. 北京：人民出版社，2019：3.

量的治理效能，健全优化中国特色社会主义制度体系，为党和国家事业发展，社会的长治久安、人民的幸福安康提供更完备稳定管用的制度保障。

中国特色社会主义新时代主要矛盾的变化，进一步说明国家治理的目的是实现中华民族伟大复兴的中国梦。在全面深化改革深水区和攻坚期，矛盾错综复杂，利益纠葛千头万绪，在防范化解重大风险和解决突出问题所面临的艰巨性都是前所未有的，这就迫切需要更加成熟更加定型的制度，为实现中国梦提供根本性和系统性的保障。在政治层面，坚持党的领导、人民当家作主和依法治国有机统一。发展社会主义民主政治，在顶层设计上更加体现人民利益、反映人民愿望、保障人民权益、增进人民福祉。在经济制度层面，破除旧的经济体制机制，社会主义基本经济制度要更加体现公平正义，协调好各方利益关系，更好地适应利益格局调整和利益主体多元化。在文化制度层面，文化凝聚人心，文化塑造精神，要坚持和完善繁荣发展社会主义先进文化的制度，为国家治理体系和治理能力现代化提供精神支撑。想要让人民群众有更多获得感、幸福感、安全感，就要抓住人民群众最关心最直接最现实的利益问题，立足人民群众需要多样化、多层次、多元化的特点，让人民群众有更多的机会为国家发展建言献策和参与社会治理，提出新思路和新举措，有更多的参与感、获得感，满足人民群众对美好生活的向往。

二、中国特色社会主义国家制度已经具有“多方面的显著优势”

站在百年未有之大变局的时代交汇点，面对实现中华民族伟大复兴的目标任务，中国特色社会主义制度经过几代中国共产党人领导中国人民接续努力和不断完善，已经具备了多方面的显著优势。这些显著优势不仅是对历史经验的深刻总结，更是新发展阶段提升国家治理效能的根本遵循。

党的十九届四中全会概括了中国特色社会主义的十三个制度优势：

坚持党的集中统一领导、紧紧依靠人民推动国家发展、坚持全面依法治国、坚持全国一盘棋、铸牢中华民族共同体意识、不断解放和发展社会生产力、在思想上精神上紧紧团结在一起、坚持以人民为中心的发展思想、善于自我完善自我发展、聚天下英才而用之、确保人民军队绝对忠诚于党和人民、坚持“一国两制”、为构建人类命运共同体不断作出贡献。中国特色社会主义制度作为当今世界上最为先进且完整的制度，其具有的优势可谓是不胜枚举，究其深层的主要来源，有以下几点。

第一，强大的组织力。不论是面对新型冠状病毒感染时我国的优秀表现，还是人口普查的快速机动且完整，扶贫工作的精准到户，又或是新冠疫苗研发的多线路、高质量、快速度，中国特色社会主义制度在任何时候都表现出强大的组织力。强大组织力的源头就是中国共产党的领导，中国长期坚持并将永远坚持。党的领导作用是中国特色社会主义制度强大组织力的主心骨，可以说没有党的领导，就没有中国特色社会主义制度的组织力优势，更别说制度的先进了。中国特色社会主义制度拥有强大的组织能力，能够更好更快地组织统筹起社会上的一切力量，团结全国各族人民，集举国之力于一个点，力往一处使，心往一处靠，形成巨大的力量。

第二，制度的先进性。中国特色社会主义制度是以马克思主义科学原理为指导的，并经过实践检验和发展的社会制度，是具有先进性的社会制度。马克思主义真理性不必多说，特别是经过中华人民共和国成立以来中国人民的不断实践和创新发展，具有中国特色的社会主义制度更是具备科学性、时代性、先进性。而反观当今各西方国家，人权问题，贫富差距问题，种族主义问题等社会分裂问题层出不穷，我国在百年未有之大变局中依然保持着强劲的发展势头，这样的成就离不开先进的制度的支持。这说明了具有中国特色的社会主义制度是十分先进的，是硕果累累的，中国发展成就的实际已是这种优势的无可辩驳的事实。

第三，充分的民主性。不论从人民代表大会制度，民族区域自治制度，政治协商制度等制度的实施，还是如今世界政府民主性调查我国名列前茅，还是新型冠状病毒感染冲击下我国每个人医疗权利的充分保障的现实，中国特色社会主义制度的优势的来源也充分体现在了其民主性上。制度上的高度民主，就是以人为本，人民权利平等，人民主权。制度的充分民主，带来了我国发展的长期稳定，带来了我国政治的平稳向前，更带来了民众生活质量的快速提高。中国特色社会主义制度在充分尊重民主的基础上，其优势一步先，步步先。相比于西方政治制度的虚伪民主，我国社会制度的民主的广泛，真实，普遍无疑是大大先进于西方的，而民主作为当代社会制度发展的核心议题，则正好成为中国特色社会主义制度优势的来源和养分。

三、实现“完成第一个百年奋斗目标”的国家治理效能

实现小康社会是中国人民夙愿，1979 年邓小平在会见日本首相大平正芳时，首次提出了“小康社会”的构想，党的十二大把二十世纪末实现“在温饱基础上更高水平的生活质量”的小康社会作为奋斗目标，党的十六大提出要“全面建设小康社会”，党的十八大提出要“全面建成小康社会”。全面建成小康社会，实现第一个百年奋斗目标，是我们迈向中华民族伟大复兴的关键一步，在中国共产党奋斗史、中华民族文明史上都具有里程碑意义。党的十九届六中全会指出，“以习近平同志为核心的党中央，以伟大的历史主动精神、巨大的政治勇气、强烈的责任担当，统筹国内国际两个大局，贯彻党的基本理论、基本路线、基本方略，统揽伟大斗争、伟大工程、伟大事业、伟大梦想，坚持稳中求进工作总基调，出台一系列重大方针政策，推出一系列重大举措，推进一系列重大工作，战胜一系列重大风险挑战，解决了许多长期想解决而没有解决的难题，办成了许多过去想办而没有办成的大事，推动党和国家

事业取得历史性成就、发生历史性变革。”① 新时代的中国，在坚持党的全面领导、全面从严治党、经济建设、全面深化改革政治建设、全面依法治国、文化建设、社会建设、生态文明建设、国防和军队建设、维护国家安全、坚持“一国两制”和推进祖国统一、外交工作等方面都取得了历史性成就，国家治理效能充分彰显。

在中国共产党的统一领导下，确保党始终总揽全局、协调各方，站在全人类的共同利益上统一思想、凝聚共识，集中各方面力量和资源办成了很多大事好事。我国的制度和治理体系能够迅速地、最大限度地聚合民心民力，向中华民族伟大复兴的目标不断迈进。

面对国际和国内各类风险挑战不确定因素明显增多的情况，全国上下在以习近平同志为核心的党中央坚强领导下，按照党中央、国务院部署，坚持稳中求进工作总基调，统筹稳增长、促改革、调结构、惠民生、防风险，推动经济高质量发展。特别是在 2020 年，我国经济社会发展取得重大战略成果，经济总量再上新台阶，突破百万亿元大关。全年国内生产总值首次突破 100 万亿元，比上年增长 2.3%，是全球唯一实现经济正增长的主要经济体。经济恢复走在世界前列，成为推动全球经济复苏的主要力量。同时，在“十四五”规划开局之年，经过全党全国各族人民共同努力，我国完成了消除绝对贫困的艰巨任务，在党团结带领人民创造美好生活、实现共同富裕的道路上迈出了坚实的一大步。聚焦人民群众的热点难点痛点问题，增进民生福祉，积极推动教育、文化、卫生等事业全面发展，居民人均可支配收入与经济增长基本同步。特别是深入推进扫黑除恶专项斗争，契合了新时代新要求，顺应了民心民意，彰显了法治权威，净化了社会风尚，维护了社会和谐，广大人民群众的获得感、幸福感、安全感更加充实、更有保障、更可持续。

① 中国共产党第十九届六中全会文件．中共中央关于当的百年奋斗重大成就和历史经验的决议 [M]. 北京：人民出版社，2021：27.

坚持和完善中国特色社会主义制度，推进国家治理体系和治理能力现代化是实现“两个一百年”奋斗目标的重大任务，是应对风险挑战、赢得主动的有力保证。经济基础决定上层建筑，一个国家的政治制度是由这个国家的经济基础决定的，同时这个国家的文化和意识形态等上层建筑也对经济基础产生强大的反作用。改革开放以来，我国经济保持高速增长，创新驱动成效显著，发展协调性明显增强，人民生活水平和质量普遍提高，国民素质和社会文明程度显著提高，生态环境质量总体改善等，得益于我们形成了一套科学管用规范的制度体系。事实证明，中国特色社会主义制度和国家治理体系能够有效地将制度优势转化成治理效能，破解制约全面建成小康社会的重点难点问题，持续推动中国攻克一个个难关，获得一个个成就，有效确保中华民族能实现“两个一百年”奋斗目标进而实现伟大复兴。

第五章　国家治理效能实现的内在逻辑

提升国家治理效能对于建设社会主义强国，实现中华民族伟大复兴的中国梦意义深远，中华人民共和国成立以来特别是改革开放以来，中国共产党领导下的国家治理绩效明显，取得一个又一个治理奇迹。中国特色社会主义发展进入新的发展阶段，人民群众对国家治理的要求发生了深刻变化，提高国家治理效能在新发展阶段也会遇到新的问题。要在新发展阶段继续书写中国特色社会主义治理新奇迹，推动中华民族伟大复兴取得新进展，就必须揭示国家治理效能实现的内在逻辑，揭示国家治理理论最基本的原理，只有在遵循规律的基础上结合中国经济社会发展的实际情况，采取正确的策略和政策，才能续写中国特色国家治理新的伟大奇迹。揭示国家治理理论的内在逻辑，就是要从马克思主义理论国家治理理论的一般原理出发，吸收借鉴其社会主义国家治理理论的成果，总结概括中国特色国家治理的经验教训，全面阐述国家治理效能实现的政治基础、治理体系、基本方式、主体结构和制度环境。

第一节 国家治理效能实现的政治基础

国家治理的根本领导制度决定了国家治理的政治方向和价值旨归，决定了国家治理效能的“目标正确性”，是国家治理需要解决的首要问题。在当代中国，国家治理的根本领导制度就是党的领导制度，中国共产党领导是中国特色社会主义国家治理的优势，更是其鲜明特色。中国特色社会主义进入新时代，国家治理领域出现新的问题和挑战，继续保持较高国家治理效能输出，要坚持党对国家治理的全面领导，发挥基层党组织在国家治理中的基石作用，彰显党的作风建设在国家治理领域风向标的功能，构建国家治理效能实现的坚实政治基础。

一、党的领导在国家治理中的核心地位

中国共产党对国家治理的全面领导，既是历史的选择，人民的选择，也是社会主义国家治理效能实现，国家治理体系和治理能力现代化的唯一选择。“党的全面领导主要指马克思主义执政党作为最高政治力量，在革命、建设和改革事业中发挥全过程、全方位、各领域、各地域、多层级、多形式的领导。”① 事实证明，中国共产党在各个领域都发挥着全面领导的作用，既从根本上体现了国家制度的优越性，也为中华人民共和国成立以来国家治理效能的稳步提高提供了政治保障。

党是领导国家治理活动的最高政治力量。党政军民学，东西南北中，党是领导一切的。党的全面领导是指在国家治理的各方面各环节全过程都要体现党的全面领导。国家治理理念必须体现党的意志和主张，

① 张世飞，黎田．论“党的全面领导”的演进历程、内在逻辑与所涉及的重大关系[J]．理论与评论，2019（1）：25.

要把党的思想，党的理论通过国家治理理念具体化，成为全党全国人民的共同价值追求。国家治理目标要与党的奋斗目标相结合，不仅要在长远目标上体现共产主义的宗旨，更要在当前的历史发展阶段中体现。党在新世纪新阶段的奋斗目标，第一个“十五年”（2020 年到 2035 年），在全面建成小康社会的基础上，继续奋斗十五年，基本实现社会主义现代化；第二个“十五年”从 2035 年到 2050 年，在基本实现现代化的基础上，继续奋斗十五年，把我国建设成为富强、民主、文明、和谐、美丽的社会主义现代化强国。当前国家治理目标要以保障实现“两个十五年”奋斗目标为根本要求。国家治理是一个复杂的系统，需要用到多样化综合性的治理方法。国家治理方法体系要体现党的执政方式，党的执政方式是指党通过掌握、运用和控制国家政权实现执政目标的体制、机制、途径和方法的总称，科学执政、依法执政、民主执政是党的执政方式的重要要求，国家治理活动中的法律、行政、经济、道德、教育、协商等治理方法都要在党的执政方式要求下进行。

坚持和完善中国特色社会主义制度、推进国家治理体系和治理能力现代化，必须在党中央统一领导下进行。国家治理体系和国家治理能力现代化是国家治理效能实现的核心问题，国家制度和国家治理体系的现代化必须在党中央集中统一领导下才能稳步推进。构建系统完备、科学规范、运行有效的制度体系，推动各方面制度更加完善，实现党、国家、社会各项事务治理制度化、民主化、规范化、程序化，离开党的集中统一领导是难以实现的。在国家治理能力现代化进程中，不管是国家治理的协调力与凝聚力，创新力与发展力还是意志力与执行力，缺乏党的集中统一领导，国家治理能力的这些重要指标都会被严重削弱。

坚持党对国家治理各方面各环节全方位的全面领导是国家治理效实现的根本所在、命脉所在，是国家治理体系和治理能力现代化的根本前提。只有始终保持高度的思想自觉、政治自觉、行动自觉，确保党总揽全局、协调各方的领导地位毫不动摇，坚持党对国家治理活动的全方位全过程的领导，国家治理效能才能得到充分彰显。

二、党的基层组织是国家治理的基石

基层治理是国家治理的基础，党的基层组织是国家治理的基石。加强基层治理，提高基层治理能力，首要的前提是加强党的基层组织建设。基层组织建设没有做好，党的领导就会被削弱，党的领导一旦削弱，总揽全局、协调各方的领导作用就会削弱。事业发展就容易陷入“一盘散沙”。《中国共产党领导小组工作条例》（试行本）规定，领导小组要认真履行监督党和从严治党的职责，加强对本单位党的建设的领导，实行党的建设责任制。“党内也存在不少对坚持党的领导认识模糊、行动乏力问题，存在不少落实党的领导弱化、虚化、淡化、边缘化问题，特别是对党中央重大决策部署执行不力，有的搞上有政策、下有对策，甚至口是心非、擅自行事。”[①] 提高国家治理效能，就是要与基层党组织的地位虚化、作用弱化、功能空化作斗争。

提升党组织国家治理基石的作用，就必须注意基层党组织还存在地位虚化的问题。随着经济社会不断向前发展，基层的社会结构、生产方式和组织形态发生了深刻变化，以非公企业、个体工商户以及各种行业协会等为代表的新经济组织、新社会组织不断兴起、壮大，逐渐成为基层党建工作的短板和盲点。近年来网络媒体的飞速发展，给意识形态工作带来了严峻的挑战，因为正能量组织引领作用缺位，党组织在新兴行业的地位虚化，导致内容娱乐化、庸俗化，从而误导人们无法正确辨识社会发展、国家事业、国际热点。

提升党组织国家治理基石的作用，要注意基层党组织还存在作用弱化的问题。目前，部分基层党组织在一些领域的政治作用还不够强。提

① 中国共产党第十九届六中全会文件．中共中央关于当的百年奋斗重大成就和历史经验的决议[M].北京：人民出版社，2021：27.

升党组织国家治理基石的作用，要注意基层党组织的功能空化问题。在现实工作中，个别领域出现重党建轻业务、重业务轻党建的“两张皮”现象，本质在于“庸懒散”等形式主义作祟，存在政治站位不高、眼界不够开阔、思想不够解放等问题，在抓全局、抓统揽方面不足。基层存在党建和业务“课题”突破困难问题，重要因素之一就是没能很好地突出党组织的政治功能，没能将政治建设放在首位，没有做到牢牢把握政治方向，没有做到有效解决“灯下黑”，没有将党员工作做到位，导致个别党员理想信念不坚定，工作思想不统一，先锋作用发挥不够，形成“庸懒散”局面。

三、党的作风建设是国家治理的风向标

党的作风就是党的形象，关系人心向背，关系党的生死存亡。在国家治理活动中，党的作风建设起着风向标的作用，国家治理效能的实现依赖于全体人民共同遵守制度，信仰制度，其前提则是党的作风的榜样、引领和带动作用。形式主义、官僚主义、享乐主义和奢靡之风的“四风”现象与我们党的性质和宗旨相违背，被广大人民深恶痛绝。党的十八大以来，以习近平同志为核心的党中央高度重视党的作风建设，制定和落实中央八项规定，持之以恒纠“四风”树新风，以身作则，真抓实干，知行合一，使得党风、政风焕然一新，社风民风持续向好。根据中央纪检机关的统计，从2012年12月到2021年5月，在党中央坚强领导下，纪检监察机关共立案审查调查省部级以上领导干部392人、厅局级干部2.2万人、县处级干部17万余人、乡科级干部61.6万人；查处落实中央八项规定精神不力问题、“四风”问题62.65万起。事实表明，全面从严治理党的作风，赢得了党心民心，得到了全党全社会的高度认同，也意味着党的作风建设进入了新时代。党中央提出要严格执行关于改进作风和密切联系群众的规定，坚决反对形式主义、官僚主义、享乐主义和奢靡之风。

提升国家治理效能，改进党的作风建设，必须旗帜鲜明地反对“四风”。通过持续深化纠治“四风”，党对这些积弊的治理已形成制度化，但由于历史局限、传统文化、社会思潮、经济利益等方面的原因，“四风”的危害性、顽固性、反复性的本质使其很难从根本上灭绝。从根本上说，党的作风建设与“四风”的斗争还远远没到胜利的地步，还需不断努力，不停战斗。

提升国家治理效能，改进党的作风建设，要坚决反对“四风”的新形式。例如，过多过杂的“僵尸类”“空壳类”APP 造成强制推广、滥用积分排名、过度留痕，网络工作群中的强制点到打卡、即时响应等问题。2020 年 9 月，习近平总书记在一份反映一些政务 APP 变味走样占用基层干部大量时间的材料上作出重要批示，强调要摈除形式主义。必须加大力气向这些弊病亮剑，旗帜鲜明地反对这些不正之风，解决新发展阶段侵害党的纯洁和健康的作风问题。指尖上的形式主义，看似新表现，实则老问题，表明“四风”问题具有顽固性反复性。

第二节　国家治理效能实现的制度体系要求

经过 70 多年以来对制度建设的实践和探索，特别是改革开放 40 多年以来的完善和发展，我国建立起了相对完善的国家制度和治理体系，但是随着国内环境的深刻变化，国际环境的严峻挑战，新时代的国家制度和治理体系还存在“不够成熟、不够完善”的短板，束缚了中国特色社会主义的发展。改革进入深水区，中国特色社会主义也到了关键的发展阶段，“新时代制度建设更多的是解决深层次体制机制问题，对改革的系统性、整体性、协同性要求更高，相应地建章立制、构建体系的任务更重。”①

一、制度体系的整体性问题

党的十九届四中全会阐明中国特色社会主义制度是特色鲜明、富有效率的好制度，但还不是成熟定型、尽善尽美的制度，这一论断体现了守正与创新的辩证统一。这就要求党和国家聚焦坚持和完善支撑中国特色社会主义制度的根本制度、基本制度、重要制度，制定急需的制度、必备的制度，推动中国特色社会主义制度不断完善和发展、永葆生机活力；这就要求我们实现各级各类制度全面系统的联动和集成，搞好上下左右、方方面面的配套，着力解决制度优势的整体效应和总体效果，把我国制度优势发挥出来从而使国家治理成效形成整体效应、总体效应。具体说来，就是处理好顶层设计、分层对接、基层探索三者之间的关系，实现各级制度衔接、各类制度平衡，驱动多元主体协同、区域发展趋同、城乡机制融合，创新国家治理运行机制，注重各项改革协调推进相互配合，使各级各类制度系统集成联动协同运行向中心目标靠拢从而凝聚出整体效应、总体效果。经过改革开放40多年的努力，特别是党的十八届三中全会以来全面深化改革和系统性整体性重塑，我国国家制度和治理体系已搭起四梁八柱，重要领域和关键环节改革实现历史性变革，主要领域改革主体框架整体性重构，但仍需进一步完善发展才能成熟定型，才能发挥制度整体效应、总体效果。习近平强调：“落实党的十八届三中全会以来中央确定的各项改革任务，前期重点是夯基垒台、立柱架梁，中期重点在全面推进、积厚成势，现在要把着力点放到加强系统集成、协同高效上来，巩固和深化这些年来我们在解决体制性障

① 本书编写组.《中共中央关于坚持和完善中国特色社会主义制度、推进国家治理体系和治理能力现代化若干重大问题的决定》辅助读本[M].北京：人民出版社，2019：49.

碍、机制性梗阻、政策性创新方面取得的改革成果，推动各方面制度更加成熟更加定型。”①党的十九届四中全会首次系统概括我国国家制度和国家治理体系的十三个显著优势，但也指出坚持和完善制度建设的十三个方面有大量需要完善和发展的重点工作任务。这两个“十三”并非一一对应，在党和国家监督体系、行政体制、生态文明制度体系等方面仍存在短板弱项，一些地方仍需改进。这表明统筹顶层设计和分层对接的主攻方向和着力点要求各领域制度建设能够相互作用、环环相扣，做到系统化集成协同与碎片化修补调整有机统一，确保发挥制度体系的整体效能、总体效果。

中国特色社会主义制度体系包括三个基本层次：根本制度、基本制度、重要制度。中国特色社会主义重要制度，是由中国特色社会主义根本制度、基本制度派生的主体性制度，“向上连接国家治理体系的顶层即根本制度、基本制度，向下延伸到社会生产生活的方方面面，使国家治理的总体要求、总体目标和一系列政策举措落实落细，使中国特色社会主义制度优势和国家治理体系的功能作用得到充分发挥。”②中国特色社会主义制度根据制定主体和适用范围还可以分为中央制度和地方制度（地方制度可细分为省市县乡制度），当前各级制度的分层对接仍然存在一些局限，如有些中央层面的制度在地方缺乏指导性或适用性，难以转化为可落地的地方政策；有些省市县乡地方政府在制定地方政策时可能采取相机选择策略，偏离中央制度精神或上层制度安排。③在实际运行中面临的一个突出挑战是行政权执法权的分块治理，表现为不同部门

---

① 新华社．习近平主持召开中央全面深化改革委员会第十次会议[EB/OL].（2019-09-09）[2023-10-19].https: //www.gov.cn/xinwen/2019-09/09/content_5428640.htm.

② 何毅亭．坚持和完善中国特色社会主义根本制度[N].学习时报，2019-11-29(2).

③ 吕普生．我国制度优势转化为国家治理效能的理论逻辑与有效路径分析[J].新疆师范大学学报（哲学社会科学版），2020（3）：18-33.

各管一段、缺乏有效协同治理，如部门内部不同政策规章之间的冲突；不同部门政策规章之间的冲突；不同领域公共政策之间的冲突；不同区域地方政策之间的冲突；区域发展及城乡双轨制间制度冲突。行政执法权缺乏协调治理，又可具体细分为行政审批、行政处罚和行政强制间相互分割各自为政。面对多种多样的各级各类制度冲突，要求决策主体在制度建设过程中遵循以人民为中心的制度优势搞好顶层设计，强调政治性、整体性、系统性，实现各类制度横向有序组合、各层制度纵向兼容并蓄，同时形成纵横衔接的系统集成和协同高效的整体性制度网络，使其转化成良好的国家治理效能。

二、制度体系的规范性问题

国家治理的前提和基础是制度建设，而制度建设的规范性往往直接关系着国家治理现代化程度的水平高低。提升制度体系的规范性，必须解决制度的碎片化、单向化、随意化和理想化问题。

首先是杜绝制度的碎片化问题。碎片化问题是指各级政府、各级部门的制度化建设没有统一标准，同一制度的建设程度具有差异性，具体来说可分为纵向碎片化与横向碎片化。纵向碎片化表现为外、中、内层建设与衔接的脱节性，制度的内在价值性与体制机制建设存在非对应性，缺乏系统性。横向碎片化表现为政府之间同种、同类制度建设存在脱节性、不平衡性，缺乏整体性。例如，有的地方就没有常设性的乡镇人大主席团，有的地方没有将主席团组织和人员列入国家正式编制”。由此可见，碎片化产生了信息的闭塞化和管理的复杂化问题，给国家治理现代化中要求的整体性、系统性建设带来困难，是制度建设中必须解决的问题。

其次是克服制度的单向化问题。制度的单向化主要是指在制度建设过程中，缺乏与周围环境的交流互动，导致制度建设过于关注制度的约束性、规范性，从而忽视了制度的引导性和激励性。众所周知，由于

“官本位”思想的存在，在制度建设过程中，个别政府部门容易忽略对民意的调查，容易用管理的思维去推进制度化建设，这样就会给制度化的建设带来约束性、规范性，容易造成制度“堵”，忽视了制度的“疏”的作用。同时，制度建设忽略了与周围环境的互动，容易造成制度的封闭性，由此也导致了在制度建设的过程中缺乏系统性、循环性，因地制宜的成效未能充分发挥，容易让民众产生不良情绪，在一定程度上阻碍“制度均衡”，制度实施的效果未能充分发挥。

再次是反对制度的随意化问题。随意化是指在制度的建设和推进过程中，制度的制定、执行、监督、反馈等环节存在一定主观性、随意性，没有完全遵循规章制度，具体可以分为主观随意性和客观随意性。主要表现为：一是基于自身利益的考虑，有的地方政府部门建章立制没有很好地结合实际，以及未能充分进行民意调查，而是通过制度化的形式把部门利益合法化，存在主观随意性。二是制定制度没有规划性、系统性不够强，对于同类问题已有相关制度安排，但当遇到其他类问题就制定出相关的制度，缺乏科学论证，即便能够解决当前问题，但会给制度的归类整合带来一定困难，比较烦琐，即客观随意性。由于缺乏系统及长远规划，各项制度间的衔接不通畅，往往会带来不协调的问题，甚至出现制度“打架”现象，影响了制度的权威性，进而影响了制度的效能化。因此，制度建设的随意化不仅造成了制度资源的浪费，也给国家治理现代化带来阻碍，国家治理能力的提升也因此受到影响。

最后是摆脱制度的理想化问题。理想化问题是指制度建设过程中，追求制度的“完美化”，没有充分考虑到实际情况，致力于通过制度解决一切问题，存在绝对化。具体表现为：一是“问题制度”与“万能制度”思维的存在。当前，个别人有一种思维习惯，即遇到问题就依赖于寻找制度的“毛病”，同时希望能够通过制定新的制度去解决问题，重新建章立制，但在这个过程中往往容易忽视人的作用。例如，“不看红绿灯就过马路”现象的出现有很大一部分原因是人们缺乏遵守交通规则的观念，很难归咎到制度身上。二是没有充分考虑实际情况，在制度建设的过程中过于追求制度的完美性，没有充分调查民意，导致制度各项条款比较空泛，对很多问题的处理缺乏针对性，对于特殊的问题处理不够精准，容易出现“纸上谈兵”的情况。这就造成，很多看起来“很好”的制度其执行效果并没有完全体现出来，不仅和设计制度的初衷有所偏差，还会对中期的执行、后期的反馈监督等环节带来一定影响，更在深层次上延缓了制度现代化的进程以及国家治理能力的提高。

三、制度体系的创新性问题

国家治理体系在建设的过程中，存在一些主观性，具有人为滞后性，这与治理能力的无力感同时存在着。理论源于实践。国家治理体系作为一种理论层面，具有滞后实践的特质。这样的“滞后性”是必然存在的，姑且可以称为“自然滞后性”，但同时存在“人为滞后性”，这就是由于对问题的把握不准，问题意识不强，改革的动力不足导致对国家治理体系产生影响，使得出台的一些制度与政策不能够及时有效地处理新发现的情况。因此，制度在建设的过程中出现的“人为滞后性”会使得问题很难得到快速解决，久而久之就会造成新的矛盾，如果不尽快处理，就容易发展为社会矛盾，不利于社会的发展。国家治理体系的人为滞后性，对治理能力也产生了一些影响，在运用的过程中会失去制度导航，使得治理体系不能够得到有效、及时地更新与调整，以至于在处理问题的过程中会出现无力感，准确来说，制度的准则和规范在一定程度上影响了治理能力的效能，也因此使得治理主体在发挥作用时会显示出无力感。例如，老人在摔倒后应不应该伸出援手，该不该扶。对于这个问题很多有责任心的民众是想去扶的，但是个别老人抱有讹诈心理，使得很多人想扶不敢扶，由此可见，相关的制度没有得到很好的发挥，抑或是还没有得到建立，如此一来就会让民众产生一些意见，激化社会矛盾，造成一定的社会危机。

近年来，随着国家机构改革、“放管服”改革及各项新改革的试验不断推进，国家出台了一系列政策。出台政策固然对于推动经济社会的发展具有一定作用，但是政策之间还是存在不协调的因素，导致政策在制定、执行的过程中会受到一定影响，如部分政策落实不到位、执行效果不佳，在一定程度上抑制了各类主体的创新活力。特别是在快速发展的新兴领域，如果相关制度没有跟上新兴领域的发展，不能适应新兴经济和社会创新发展需求，就会造成制度效能不足，影响其发展。新兴前沿技术及应用发展迅速，带来了数字经济、生物经济、共享经济等新模式的快速发展，目前已有的制度政策、监督制度、反馈制度很难满足当前的新技术发展需要，在一定程度上会影响新技术的发展。

政治参与责任感缺失。国家治理的意义重大，是实现现代化的一种治理手段，与此同时表现出来的国家治理能力，是能够保证治理手段执行的动力。国家治理如果想达到原先设定的目标，实现预期的效果，需要得到相应的支持，如政治支持、技术水平支持，这是实现国家治理现代化必不可少的一方面。公民政治参与感不够高，除了非制度化的原因，如政治参与、主体性参与偏低，还有另外一方面的原因就是国家治理的实施手段缺乏技巧，对政治参与的公平性、公开性有一定影响。大多数非制度化政治参与存在一些自私性，这就会造成政治参与感比较低，主体与主体之间会产生不对等的关系，使得治理的过程中出现盲目性、散漫性、无组织性。这样带来的后果就会使得政治参与的积极作用没有发挥出来，人们并不关心参与带来的后果，相应的后果没有人去承担，整个社会的政治参与感不强，对于国家治理能力与治理现代化的推进产生不良影响。

第三节　国家治理效能实现的治理方式

国家治理的方式主要包括依法治国和以德治国两种方式。“法律和道德都具有规范社会行为、调节社会关系、维护社会秩序的作用，在国家治理中都有其地位和功能。法安天下，德润人心。法律的有效实施有赖于道德支持，道德践行也离不开法律约束。法治和德治不可分离、不可偏废，国家治理需要法律和道德协同发力。”[①] 法律是中国特色社会主义现代化建设和发展中国家治国理政的重要抓手，解决好党和国家在建设和发展中面临的一系列问题，必须从当前的全面依法治国入手。党的十八大以来，以习近平同志为核心的党中央从全面依法治国的高度来谋划国家的长治久安问题，取得了一系列成果。尤其是在党的十八届四中全会上通过的《中共中央关于全面推进依法治国若干重大问题的决定》，成为当前依法治国必须遵循的基本准则和依据。党的十九大更是深度谋划了未来一个时期必须完成的依法治国的根本任务和要求，从法治国家、法治政府、法治社会三个方面加强建设。必须正视和解决这些问题，才能进一步推进全面依法治国顺利进行，才能推进国家治理体系和治理能力现代化。

一、宪法在依法治国中的权威作用

习近平指出：“全面贯彻实施宪法，是建设社会主义法治国家的首要任务和基础性工作。”[②] 推进国家治理体系和治理能力现代化必须发挥好宪法作为根本大法具备的总揽全局、协调性、系统性功能的作用。越是经济政治高度发达的国家，法律的权威往往更容易得以彰显。因为法律的生命力在于实施，习近平指出：“宪法的生命在于实施，宪法的权威也在于实施。”[③] 为了进一步体现宪法的权威性，党的十八届四中全会明

① 习近平．坚持依法治国和以德治国相结合 推进国家治理体系和治理能力现代化[N]. 人民日报，2016-12-11（1）.

② 习近平．习近平谈治国理政：第一卷[M]. 北京：外文出版社，2018：138.

③ 习近平．更加注重发挥宪法重要作用 把实施宪法提高到新的水平[N]. 人民日报，2018-02-26（2）.

确提出建立宪法宣誓制度，增强宪法的功能性、权威性，从而进一步弘扬宪法精神，这项制度的优势在于“有利于彰显宪法权威，增强公职人员宪法观念，激励公职人员忠于和维护宪法，也有利于在全社会增强宪法意识、树立宪法权威。”①

当前，在开启全面建设社会主义现代化国家新征程上，全面依法治国任务依然繁重，尤其是凸显在国家治理体系和治理能力方面，必须充分彰显宪法的权威。一是要彰显宪法的法律性和人民性。中国共产党和中国人民是不可分割的。从中国共产党诞生之日起，党的一切都深深地与人民结合在一起，不管是革命战争时期，还是社会主义革命和建设时期，抑或是改革开放和社会主义现代化建设新时期，中国共产党的执政合法性就是人民的认可与支持。因此，在中国，宪法必须将其法律性与人民性结合在一起。党的十八大以来，以习近平同志为核心的党中央在谋划全面依法治国体系中，始终坚持人民导向。2020 年，习近平在中央全面依法治国会议上指出：“全面依法治国最广泛、最深厚的基础是人民，必须坚持为了人民、依靠人民。”② 习近平强调：“我们要通过不懈努力，在全社会牢固树立宪法和法律的权威，让广大人民群众充分相信法律、自觉运用法律，使广大人民群众认识到宪法不仅是全体公民必须遵循的行为规范，而且是保障公民权利的法律武器。”③ 长期以来，由于中国经济与社会发展原因，广大人民对于法律的重要性和宪法的权威性，随着时间推移，其认识呈正增长态势。从理论上看，宪法的内涵就是民主、公平、法治等，这是其根本要义。在制度上体现为人民代表大会制度，这一制度在新时代有待进一步丰富与发展，要体现人民的意志，坚

① 习近平．关于《中共中央关于全面推进依法治国若干重大问题的决定》的说明[N].人民日报，2014-10-29（2）.

② 习近平．坚定不移走中国特色社会主义法治道路 为全面建设社会主义现代化国家提供有力法治保障[N].人民日报，2020-11-08（1）.

③ 习近平．习近平谈治国理政：第一卷[M].北京：外文出版社，2018：141.

决反对忽视人民意志的方式来实施法律。二是要对相关机制与制度进行合宪性审查。合宪性审查是增强宪法权威，保证宪法顺利实施的重要步骤和程序。在日常工作中，时常见到下位法与上位法冲突之处，就是因为合宪性审查相关机制制度出现了问题。要想保证各种法律制度与宪法不冲突，不矛盾，就必须进行必要的合宪性审查。三是要保障宪法解释程序与机制。宪法是国家的根本大法，其特殊地位使得宪法语言在某些方面具有模糊性和空白，导致宪法在适用过程中存在把握不到位，出现争议与导向不明等状态，因此有必要不断完善对宪法内容、含义及其界限的说明与解释。没有宪法解释，就不会有合法性审查。解释宪法部门只能是全国人大，我国宪法第 67 条规定了有权解释宪法的机关是全国人民代表大会常务委员会，但全国人民代表大会常务委员会如何解释宪法，按照什么程序解释宪法等，需要更加完善的立法保障。

二、法律体系在依法治国中的基础作用

经济基础决定上层建筑，上层建筑反作用于经济基础。“宪法作为上层建筑，一定要适应经济基础的变化而变化。”① 到目前为止，我国的宪法修改基本呈现与经济社会发展相协调。自 2004 年宪法修改之后，2018 年 3 月 11 日，我国又对宪法作出了修改。市场经济也是法治经济，要发挥市场在资源配置中的决定性作用，这就对社会主义条件下的法律体系建设提出了更高的要求。在全面建设社会主义现代化新起点上，推进中国特色的社会主义市场经济发展进步，必须贯彻习近平法治思想，以及党的十八大以后关于全面依法治国的各项会议和文件要求，从而完善市场经济的运行秩序，推动经济社会高质量发展，将全面推进依法治国坚定不移地贯穿于建设社会主义市场法治经济的全过程。只有全面深

① 习近平．更加注重发挥宪法重要作用把实施宪法提高到新的水平［N］．人民日报，2018-02-26（1）．

化依法治国，推进全面依法治国与经济社会高度融合，引导市场主体良性互动，市场秩序良性运转，才能化解市场经济发展过程中的各种风险和矛盾，才能真正发挥市场在资源配置中的决定性作用。

三、司法公正在依法治国中的关键地位

司法公正是法治社会不断推进的重要环节。党的十八届四中全会指出，公正是法治的生命线；司法公正对社会公正具有重要引领作用，司法不公对社会公正具有致命破坏作用。当前，我国一直致力于构建社会主义和谐社会，这要求我们建立一套完整的机制来规范社会的运行，其中，建立健全的司法公正机制对调节社会主体之间的各种矛盾起到了重要的作用，只有司法公正才能推动社会健康发展。司法公正机制不健全，会影响社会的健康发展，不利于我国构建社会主义和谐社会，对提升国家治理能力和治理能力现代化造成阻碍。我国现在仍处于并将长期处于社会主义初级阶段，仍在探索如何构建健全的社会运行机制，社会主义和谐社会的构建要求司法机关首先实现司法公正，而健全的司法公正机制对我国构建社会主义和谐社会和促进社会主义市场经济健康发展有着重要的意义。

法治是现代文明提升国家治理能力和治理能力现代化的重要依据。目前，以宪法为核心和基础的中国特色社会主义法律体系框架已初步形成，在经济、政治和社会生活方面已基本做到了有法可依，但是与市场经济的快速发展相比，我国的立法制度建设还比较滞后，在社会管理某些方面还存在一定的空白，明文规定解释仍不够清楚。例如，法律文书中所说的可能会严重影响到司法公正。那么，到底是在什么情况下才会严重影响到司法公正，什么才算是严重影响司法公正。对这些问题法律尚未明确，而这个度就只能落到法官在判案中的自由裁量上了。因此，必须加快完善立法法律体系的步伐，改革和完善不符合法治规律，不利于依法治国的体制机制，为全面依法治国提供完备的制度保障。

对司法权的监督、制约制度是司法公正的保障。目前，我国的立法监督体系是比较全面和严密的，形成了一套包括权力机关、审判机关、监察机关、立法机关等在内的监督体系，它在实际工作中发挥了重要的作用。然而，在实际执行中仍存在有法不依、执法不严、违法不究的现象，这种现象表明了立法权力监督乏力和监督体系的缺陷，存在着监督机制不健全，监督过于形式，监督不力等现象，甚至出现滥用监督权力妨碍司法公正的现象。

依法治国在新的发展阶段还存在一些问题和困难需要克服，只有解决了这些问题，才能算是真正做到司法公正。首先，人民代表大会的监督作用难以做到全方位覆盖。人民代表大会拥有最高监督权，但其不可能全方位都监督到位；其次，法院的自我监督不到位。法院的自我监督也就是内部监督，主要是依靠审计监督来实现的。从逻辑上讲，案件经过的法官数量和审理次数越多，发生错误的可能性就越小。目前，我国仍然主要是通过二审程序和审判监督程序来实现司法公正的，在实践中也在努力做到每个案件都公平公正，同时纠正了很多发生错误的案件。但还可能产生这样两个问题：一是审理案件的次数多了，法官容易形成固化的思维，这并不利于实现公平公正。二是当遇到发回重审的案件时，往往需要很长的时间才能处理，容易使得司法工作人员和当事人身心疲惫，进而可能导致案例得到不公正的判决。最后，舆论监督的深度有待提升。近年来，新闻媒体的加入加大了舆论监督力度，但问题依然存在。

第四节　国家治理效能实现的主体结构

社会科学是与人相关的科学，不研究主体问题，很难把握社会科学研究对象的内在规律。同样，研究国家治理，不从国家治理的主体出发很难把握国家治理的内在规律和发展趋势，而国家治理的现代化首先是国家治理主体的现代化，因此要深入研究国家治理主体问题。首先要明确国家治理主体的内涵，各种治理主体间有什么样的逻辑关系。马克思主义认为，主体是指在一定条件下根据自己的认知，自主、能动地作用于客体并达到一定的效果，实现某种目的的个人或者社会集团。主体是“人本身的自然力”，是一种物质力量，但这种物质力量是在人自身的认识，即经验、知识等的限制下根据自身的需要设计实现目的所需要的方法、步骤、程序。主体包括个人主体、集团主体、社会主体等。具体到国家治理的主体而言，依据特定理念构建国家治理目标制定国家制度并使制度得到贯彻执行的人或群体。主体是能动地推动社会实践的行动者，国家治理活动必须依靠治理主体去推动，确立理念、确定目标、构建制度，都是由不同的主体去完成。因此，国家治理主体是国家治理效能实现的动力；而国家治理效能最终目的是保障各类主体的利益，实现治理主体的意志，促进主体的自由发展，因此主体是国家治理效能实现的根本旨归。国家治理主体并不是同质的或单一的，根据功能定位的不同，可以将国家治理主体划分为不同类别。从功能定位出发，从中国国家治理的具体语境出发，国家治理的主体包括三个方面：主导主体、资源配置主体、参与主体。

一、政府是国家治理的主导主体

“善治”是国家治理体系的重要目标，新时代下由政府、市场和社会等多元主体在合作互动的制度框架中共建共治共享公共事务，从而打造一种全新的社会治理格局。站在治理的角度重新审视政府，就是回答政府可以做什么或不可以做什么的问题。政府发展轨迹告诉人们，从传统的计划经济到构建中国特色的社会主义市场经济，治理就是政府从“划桨者”到“掌舵者”，从“管理者”到“服务者”的转变。主要体现在以下几个方面：首先，治理主体多元化需要责任主体。在国家治理体系中，形成了政府、社会组织、私营企业、自治组织及公民等共同治理的大格局，它们之间相互制约又相互支撑。从某种意义上讲，社会力量的逐渐壮大，会在一定程度削弱政府功能和威信，使得政府逐渐把属于社会的权力归还给社会，让其他治理主体承担起公共事务治理责任和公共服务供给更加多元化，从而促进了政府治理功能与社会治理机制的有机融合。事实上，受传统计划经济体制影响，市场主体和社会主体还未足够成熟稳定，治理能力还比较单薄，在公共事务治理中存在“市场失灵”和“志愿失灵”的现象，存在责任缺失的情况。多元治理并不意味着政府失去治理价值，相反政府应是社会治理的责任主体，在权力让渡过程中，扮演“掌舵者”角色，积极治理失灵问题，为市场力量和社会力量的融入保驾护航。其次，治理客体社会化需要顶层设计者。社会公共事务是国家治理的客体，包括社会性公共事务、经济性公共事务及政治性公共事务等。就顶层设计公共事务而言，国家治理客体涵盖了经济建设、政治建设、文化建设、社会建设和生态文明建设的“五位一体”总体布局。这些共同问题的治理需要政府进行政策规划和制度安排，多元治理主体才能有序共同参与，如通过建立与市场、第三部门的合作关系，可以有效弥补政府人力物力财力的不足，提高公共服务供给能力和公共基础设施建设能力；把市场机制引入公共服务领域，实行“准市场化”治理；授权社区，给予社区更多韧性和权力，鼓励基层单位建立多样化公共事业等。再次，治理结构网络化需要领导者。网络化治理模式是社会公共事务的治理之道，建立起既相互依存又相互制约的合作模式的国家治理和社会治理的共同愿景。在类似于公共交通、污水处理和突发公共事件等问题的治理过程中，需要相关主体采取联合行动，使政府与政府间的关系、政府与市场间的关系和政府与社会间的关系变得更具合作性，从而形成一种能共同承担责任和共同解决问题的网络关系带。政府是这一关系带的“黏合剂”，把不同利益关系的治理主体力量整合起来，尽最大可能把不同主体利益损失降到最小，使它们视公共利益为共同目标，领导它们的行为走上合作网络治理的正轨。最后，治理机制制度化需要规范者。国家治理体系中制度化治理机制处于核心关键地位，政府通过一系列的制度安排规范治理原则、治理范围、治理内容、治理主体及治理程序等，来引导和规定多元治理主体的行为准则，降低治理成本，提高社会治理效益，为治理行为提供规范制度支撑，以期建立一种共建共治共享的社会治理新格局。总之，政府在贯彻治理理念、实现治理目标、监督和执行制度方面作用明显，推动经济社会体制机制的变革、制定和执行经济社会发展规划，提供公共产品和服务，维护社会有效运行和协调发展，直接推动改革开放和社会主义现代化进程。不言而喻，全面推进国家治理体系现代化构建和发展过程中，政府角色定位和改革趋势事关行政体制改革、经济体制改革和政治体制改革的成效，是一项重要的研究课题。

执行主体的职能一直在转变，由原来的“全能型”政府向“有限型”政府、再到“服务型”政府转变。执行主体的功能定位呈现这样的演化规律：从“政府负责、垄断式治理”到“政府主导、新生力量参与”，再到“政府引导、多元共治”。迅猛增长的社会治理力量卓有成效地提出国家治理主体的诉求并争得国家治理主体的一席之地，冲击着“政府负责式”垄断治理格局，倒逼执行主体在深化“中国之治”改革中刀刃向内。而且，刀刃向内的重点难点归结起来就是“控权赋权让利”。

首先是“控权”问题。长期以来，中国传统社会结构，尤其是计划经济体制下，执行主体以绝对优势掌控着资源的动员能力和组织能力，虽然历经“全能政治导向型”到“经济导向型”再到“科学导向型”演进，社会治理力量的功能扩张以及核心功能的基础性决定执行主体角色虽有极大转变，但“官僚制式组织结构和碎片化运行机制的固有弱点以及文化的惯性作用下”[①]，还是能够非常容易找到“全能型政府”的影子，

① 王郅强，张晓君．社会治理体系构建面临的结构性失衡及其调适路径：基于耗散结构理论视角 [J]. 经济社会体制比较，2017（3）：45-53.

执行主体的越位和错位行为依然频繁出现。尽管进行多轮次的调整和改革，执行主体在承担协调各治理主体权责利益角色、如何做到民主公平公正和公开、如何权衡治理主体权力、如何厘清治理主体之间权限边界，简而言之，在国家治理过程中，解决的关键之道在于“把权力关进制度的笼子里”。既代表着公共利益又代表着自身利益的执行主体，核心问题是厘清权力大小和权限归属范围，难点是如何解决承载执行主体职能转移的载体问题，重点解决执行主体职能越位、错位、缺位的突出问题和权责脱节、争权诿责、隶属模糊的突出问题。权限范围界定无论在横向领域还是纵向方面越是模糊不清，其“守夜人”的权力就越容易扩张，越难以受到制约和监督。

其次是“赋权”的问题。执行主体的权力永远处于主人翁式的强势主导地位，具有极大的决定权和否决权，很大程度上压缩其他治理主体的活动空间和自主权。参与主体在参与治理过程中受制于执行主体，甚至执行主体只是简单地引入其他主体参与治理过程就能实质性地掌握权力控制方向，而致其他主体的意见难以成为治理的依据，抑制其他主体的责任感和信任感，难以有效发挥其他主体的创造性和活力。要改变这种情况，就需要执行主体将自身的权力在宪法规定的范围内、符合基本国情和国家政策方针的前提下，明确权力清单和责任清单，向市场主体科学合理地放权，向社会主体科学合理地让权。分权表明执行主体从内到外深化改革的决心，放权表明执行主体让市场主体获得更多自由发展空间的信心。这种依法有序地向其他治理主体差异地让渡相应权力以解决相对应问题的过程，是科学划分执行主体与市场主体、社会主体三者之间合理边界的“赋权”过程。

最后是“让利”的问题。执行主体存在的合法性来源基于主权为民的设计理念，执行主体的“控权”“赋权”本质上是执行主体为获得自身合法性地位而逐步自觉“让利”，这种“让利”既是自身自觉向公共提供服务职能的演进过程，也是自身自觉向公共创造价值的靠拢过程。

正如马克思所说：人们奋斗所争取的一切，都与他们的利益有关[①]。党的十八届三中全会提出“深化行政体制改革，创新行政管理方式，构建服务型政府”的要求，虽然建立权责统一、高效便民、诚实守信、合法执政、合理行政的执行主体，转变权力本位思想，大幅度改革行政体制，深化行政审批制度改革，裁掉冗余的机构部门，精减人员提高办事效率已然成为改革目标，但地方政府在实践中仍然侧重于抓住经济发展的主动权，公共服务职能居于次要地位，难以与国家治理的变革相匹配。为此，理应继续梳理各级执行主体的权力清单，推动各级执行主体服务职能的高度聚集，坚决避免各级执行主体在公共服务职能领域的懈怠。通过权力“负面清单”制度形成权力边界意识，明确各级执行主体服务职能各有所归、各自承担，打破利益藩篱和机制障碍，不断拓展多元主体参与国家治理的广度深度，为多元主体推进治理变革实践提供充足的利益空间和行动空间。

二、市场是国家治理的资源配置主体

马克思主义唯物史观认为经济基础决定上层建筑，由此可见经济资源在国家治理活动中的重要地位。市场主体主要指参与社会经济活动的企业、组织和个人。市场有两种主要职能，一是调节经济活动，通过市场去影响人们的生产、分配、交换、消费活动。从调节生产活动来看，人们生产什么、生产多少都要受到市场的调节；从调节分配活动来看，人们的收入分配状况和分配数量受到市场的调节；从调节交换活动来看，人们是否进行交换，多大程度上参与交换要受到市场的调节；从调节消费活动来看，人们的消费状况和消费数量要受到市场的调节。市场的另一重要职能就是配置资源，通过市场把各种资源在社会范围内进

① 中共中央马克思恩格斯列宁斯大林著作编译局.马克思恩格斯全集：第一卷[M].北京：人民出版社，1995：8.

行安排。在市场作用过程中，人们在经济利益的驱动下，必然把自己所拥有的资源投入能够获得最大利益的领域中。根据国家统计局的数据显示，截至 2019 年底，我国市场主体的数量已经达到 1.23 亿户，比改革开放初期的 49 万户增长了 200 多倍。“市场在资源配置中起决定作用”是我国的基本经济制度，也是国家治理的重要方面。因此可以说，市场是国家治理的资源配置主体。

要建设高标准市场体系，就要激发各类市场主体活力，完善宏观经济治理，建立现代财税金融体制，着重解决市场核心构成决定权有限、创新能力乏力和发育失衡的问题，需要按照市场经济发展的基本规律重新界定市场本身、企业组织、事业单位的利益性质、功能目标、运行机制等，理顺市场自身、企业组织、事业单位三要素之间的关系，使之各就其位行权尽职、各得其利循规守法，从根本上释放出市场核心构成在国家治理资源中配置中的创造力和活力。

一个国家或地区的市场机制是市场主体调配资源的根本规则。党的十九届五中全会提出构建高水平社会主义市场经济体制“充分发挥市场在资源配置中的决定性作用，更好发挥政府作用，推动有效市场和有为政府更好结合”，把属于市场的权力还给市场，还需要努力啃掉剩下难啃的硬骨头，才能使市场从“基础性作用”提升到“决定性作用”。导致市场在优化资源配置中的决定作用不到位的原因是企业决策受不法干预、企业制度怠于更新、产权得不到法律保障等，这一系列问题表明重点难点在于处理好市场和政府的关系。有效市场离不开有为政府，发展健康有序的市场经济，必然离不开一个为其提供强有力的有为政府。

企业组织创新力决定了资源配置的效率。要想让市场在资源配置中发挥决定性作用，就必须在尊重资本运行逻辑的前提下让企业组织主动担负起社会责任，把资本和技术变成改造世界、改善人民幸福生活的工具，让资本和科技真正朝着提升国家治理能力、朝着改变人类命运共同体的创新方向运转，让企业组织在国家治理体系和社会进步发展中发挥重要的功能与作用。当然，创新不仅仅是企业组织的事，它更是整个国家的事，因此要全面深化改革加快建设高标准市场体系，为各类企业组织和商业主体持续优化稳定公平、透明可预期的营商环境，将商业策略最大限度运用于改善人类环境生存条件和促进国家治理能力现代化，而非只谋取最大的经济利益。

四、社会（社会组织）是国家治理的参与主体

改革开放以后，国家的职能从全方位的“大政府、小社会”的管理转向“小政府、大社会”的国家治理，很多职能回归社会，让社会有了参与国家治理的可能性。社会（社会组织）参与国家治理，主要有三种功能：一是对社会治理整合。通过组织整合，一方面可以使组织成员的活动由无序状态变为有序状态，另一方面，又可以把分散的个体组合为一个新的强大的集体，把有限的个体力量变为强大的集体合力。组织整合功能的有效发挥有利于组织目标的实现。二是对社会治理协调。组织内部各职能部门、各组织成员尽管都要服从组织的统一要求，但是，由于他们各自的目标、需要、利益等方面得以实现或满足的程度和方式存在着事实上的差异性；因此，组织成员之间或组织的各职能部门之间必然存在一些矛盾和冲突。这就需要组织充分发挥协调功能，调节和化解各种冲突和矛盾以保持组织成员的密切合作，这是组织目标得以实现的必要条件。三是维护社会治理利益的功能。社会组织是基于一定的利益需要而产生的，不同的组织是个体利益分化的结果。组织利益与个体利益息息相关，正所谓一荣俱荣，一损俱损。

以经济领域为先导的变革，引发我国社会众多领域的连锁变革，不仅为社会组织追求自我利益提供更平等平台，而且也为社会组织摆脱政治行政的控制提供自主渠道。在积极发展壮大自身合法利益的过程中，不断苏醒的主体意识，不断增强的权利意识和政治诉求，使社会组织不满于国家治理的现有制度安排。社会组织的深刻调整和变化对整个国家

治理的稳定和发展产生多种复杂的影响，在促进国家治理稳定的同时，也倒逼国家治理体系发生改变。

首先，社会组织能力是治理参与主体能力的内在体现。在党中央、国务院通过改进社会治理方式解决政府管理“积弊”的前提下，全国各地范围内涌现出“网格化治理”“新公共管理”“新公共服务”等一系列治理范式，并取得不小的创新治理成就。这种参与式公共事务治理依然是在管理型政府主导下进行，自律机制匮乏的社会组织能激发出匹配的主体作用和活力，而使自己成为国家治理方不可或缺的重要成员。如何在国家治理的前提下，“通过更多地购买公共服务、引进社会评价等方式，鼓励自组织团体建立相应的机构、规范和伦理，让社会自主自由地成长”①，让社会组织认领属于自己应当完成的子目标而不是“袖手旁观”，让社会组织围绕国家治理的总体目标自觉开实现目标责任的活动而不是盲目“单干”，成为社会组织能力有效的重要体现。

其次，社会组织认同是治理参与主体外在能力的体现。公信力是社会组织生存发展的命根子，如果社会组织公信力不足，在公众中的形象及效益就会打折扣。社会组织通过与政府合作向公众供给目标明确的公共服务，既有效提升公共服务质量，又促进自身获得更多的资金和政策支持。但个别社会组织起步基础薄弱、组织发展快、制度化和规范化不足、行业自律机制不健全、内部监管缺位、外部监管失位、挪用公款等原因，其在参与公共事务治理过程中效率偏低且缺乏科学完整的组织结构体系，导致负面消息频发、容易损害社会组织公信力。由于社会组织是在党的领导下从事治国理政活动，在组织上受党和政府管理监督，在经费上独立性不强多依附于政府拨款，因此，社会组织一旦爆出负面消息，不仅损害自身公信力，而且容易使公众对党的公信力产生怀疑，进

① 胡庆亮．推进国家治理体系现代化的逻辑与理路：从党政二元一体到主体多元共治[J]．求实，2015（9）：12-17.

而弱化公众对党的领导的认同，使国家治理效能大打折扣。营造让“社会组织现身”，让“政府隐身”，使二者共同参与公共事务治理的共治格局任重而道远。

最后，社会组织信任是参与主体内外合作的纽带。经济体制改革是新利益格局打破旧有利益格局的过程，利益格局的调整会造成社会结构的急剧裂变，社会结构急剧裂变又会产生新的分化组合，社会结构信任阻滞呈现出利益主体多样化、利益关系复杂化、利益差距扩大化、利益矛盾冲突明显化的态势。社会结构的急剧裂变，孕育并催生新的社会结构模式，出现新的社会阶层和社会组织。不同社会阶层和社会组织掌握着不同的社会资源、行为能力和话语权，同时在社会生活各领域形成不同的利益链条、社会风险点，因此，政府与社会组织、社会组织之间在协同推进公共治理过程中要妥善平衡各方面的利益关系，充分调动和凝聚国家治理积极因素，“调整和协调社会中不同因素的矛盾、冲突和纠葛，使之成为统一的体系的过程或结果”①，防止社会结构各个要素各个部分因缺乏亲和力而导致发展失控、混乱无序，解决“各唱各的调、各吹各的号”的问题。

第五节　国家治理效能实现的制度环境

制度的生命在于执行，不能被遵守、执行的制度只是没有“牙齿的老虎”，流于形式，成为摆设，毫无价值。治理效能的实现依赖于制度被执行，制度被执行，根本前提是良好的制度执行环境，而制度执行的环境主要体现在人们参与制度的意愿和能力、对制度的信心，以及制度执行机制是否健全和制度执行监督是否到位等方面。

① 吴家庆，罗凌波．论中国共产党在和谐社会构建中社会整合机制的完善［J］．湖南师范大学社会科学学报，2010（2）：68-74．

一、参与制度的意愿和能力

治理效能的实现，最终要靠人。全体人民有规矩意识，对制度规则有敬畏意识，并主动参与到维护制度、践行制度的国家治理行动中，制度才能有效运行，才能有真正的治理效能。当前，我国的国家治理还存在着权力主体当家做主意识不强，参与国家治理能力较弱的问题。

一是参与制度构建的意愿和能力对制度环境的影响。人们参与制度构建一方面可以保障制度的科学民主，更为重要的一方面则是保障制度能够被很好地遵守和执行。如果一个制度是人们自己决定构建的，是经过人们同意的，不是外在强加在人们身上的枷锁，因此人们就容易拥护和遵守这个制度。民众参与制度建设的积极性、主动性还有待提高，民众建言献策的作用还不能够得到完全发挥。在改革开放之后，随着国家现代化的不断推进，一些紧跟时代的观点也随之提出，如建设“服务型政府”，由此可见，政府不再是单一的治理主体，在推进国家治理体系与治理能力现代化的过程中，会有多方的主体参与到治理的进程中，实现多方协作。

二是人们运用制度解决问题的意识，即制度意识对制度环境的影响。制度意识主要指的是行为主体解决问题的方式不是通过非制度化的方式，而是采取制度化的形式解决问题，获取利益。制度意识不足跟制度环境紧密相关，当行为人按照制度行事对自己有利时，就会按照制度规范确定自己的行为，当按照制度行事不利于自己时，就会寻求制度外的行为方式。制度意识不足的主要表现是潜规则意识的盛行。潜规则是指看不见的、明文没有规定的，人们必须“遵循”的一种规则，是相对于正式制度而言的制度之外的行为方式和思想意识。潜规则虽然是“潜在”的，但是在现实生活中发挥了一定的规范作用，有时候甚至比正式制度所发挥的作用还要强大，对人民实际生活的影响和心理预期比正式制度更加强烈。特别是某些潜规则背离了正义观念或正式制度规定，侵犯了正式制度和主流意识形态所维护的利益，对制度以及制度意识的消解和侵蚀更是从根本上影响了国家治理效能的实现。随着时代的发展，很多潜规则现象被发现和揭示，潜规则也变成了“明规则”，灰色地带被赋予鲜明的颜色，要么黑要么白，要么可行要么被禁止。但不可否认的是，由于潜规则可以明显降低“交易成本”以及能够轻易获得各种灰色的或者非法的利益，潜规则意识在当代社会中还会存在下去。制度意识体现了行为主体对制度认同的程度，直接关系到人们是按照制度的规范来行事还是寻求制度之外的方式来解决问题。

三是权力异化的程度对制度环境影响。在社会主义国家权力是人民赋予的，其本质是要为人民服务的一种力量，但在权力监督乏力和封建主义、资本主义思潮的影响下，人的本性中丑陋的一面被凸显出来，一些人把权力私有化、关系化、特权化、商品化，为个人或小团体谋私利。把人民赋予的权力变成谋取私利的工具，这种权力使用上的变异，就是权力异化。权力异化在政治上的腐败，首先表现在窃取权力、弄虚作假、跑官要官等，在用人方面则是违反党的组织路线、任人唯亲、破坏选人用人的制度和程序，还有就是对党组织的阳奉阴违，当面一套背后一套等；权力异化在经济上的表现就是贪污受贿，通过各种或新或旧的方式敛财，获取大量非法利益；生活上的腐败，主要表现在吃喝玩乐等。

四是对弱者的保护程度影响制度环境。让弱者受保护，让弱者有尊严，既是一个文明社会的基本标志，也是制度环境的重要方面。历史经验表明，当弱者在社会上无法生存，没有尊严，这个社会就会发生大的动荡。受害者思维和弱者思维是一种“病态”的社会现象，这种“病态”导致非制度化的行为大量增加，正式制度被藐视和忽略，制度效果被分化消解。受害者思维是指每个人都有过被不公平对待的痛苦经历，有些人由于认知的错误在心理上陷入被其他人算计和命运摆布的感觉，经常觉得自己是社会现实和正式制度的受害者，于是这些“受害者”通常寻求解决问题的方式主要采用非制度化的方式。社会上存在的很多“缠访”“闹访”现象，对社会的愤世嫉俗，甚至对社会的极端行为，这些都是受害者思维对正式制度的消解和破坏；弱者的思维是指社会成员被根据某些标准划分为三六九等，其中一些人认为自己处于社会的最底层，并且认为自己低下的社会地位并非自身的原因造成的，而是社会制度出现了问题，因此他们选择了非制度化的方式来对抗问题。斯科特在《弱者的武器》这本专著中通过对处于社会底层的马来西亚的农民偷懒、装糊涂、开小差、假装顺从、偷盗、装傻卖呆、诽谤、纵火、暗中破坏等形式的反抗压迫的探究，形象地揭示了底层民众对社会不公、社会制度不健全的非正式的非全面对抗的斗争。一个社会必须保护弱者，保护制度被遵守和执行的基石。

二、对制度的信心

制度自信，顺境时容易做到，逆境时则很难做到。而要打破一些僵化的思维和固有的概念，重新建立新的自信，则更为艰难。英国前首相丘吉尔说:“人类历史上，民主制度有很多缺点，但还没有比民主制度更好的制度”。这句话在之后被人们引申为民主制度是最不坏的制度。西方先行注册了民主概念。事实上，“最不坏的制度”说明不了问题，却导致西方心安理得地不思进取，谎话说得自己都深信不疑，“历史终结论”甚嚣尘上。但所谓“最不坏的制度”无法确保处于“最不坏的状况”，实际上西方的民主制度内部已经产生越来越多的问题。

制度是国家治理现代化的重中之重，不管是对制度的形式还是内容而言，中国的探索都是目前世界上独一无二的，全世界只有中国自己在走这条路。但毫无疑问，这条路走得非常稳健，中华人民共和国成立70多年来，特别是改革开放新时期和党的十八大以来，实现世所罕见的经济快速发展奇迹和社会长期稳定奇迹，证明了这是一条正确自信的道路。“全党要坚定这样的道路自信、理论自信、制度自信”①。自信是人们对自己秉持的东西所表现的坚守，对国家来说，制度自信是极其重要的精神存在。坚定中国特色社会主义制度自信的“底气”和“根基”，立足中国实际，解决中国问题。中国特色社会主义制度是中国共产党引领中国沿着正确道路不断前行的战略定力，习近平强调：“我们的国权，我们的国格，我们的民族自尊心，我们的民族独立，关键是道路、理论、制度的独立。”②

自信是源于“他信”，“他信”是自信的前提条件；自信需要“他信”来支撑。制度自信不是独白，在于别人是否信服，“他者”是否存在。构建人类命运共同体就是全世界去讲“中国故事”，全世界传播“中国声音”。2019 年 10 月，党的十九届四中全会提出，“坚持独立自主和对外开放相统一，积极参与全球治理，为构建人类命运共同体不断作出贡献”。构建人类命运共同体并非来自道德理想，而是经过深思熟虑后，考虑政治问题的规模更大、情怀更深、视野更远。尤其重要的是，构建人类命运共同体总是特别重视他者的存在意义和互动能力，把“他者”计算在内。

三、制度执行机制

制度使无序变成有序，成熟稳定的制度和制度体系可以排除最坏的可能，使国家治理实现稳定性、可持续性、可预期性。当制度能够得到各方面的尊重和执行，制度和制度体系优势才能转化为治理效能，“制度好可以使坏人无法任意横行，制度不好可以使好人无法充分做好事，

---

① 胡锦涛．坚定不移沿着中国特色社会主义道路前进 为全面建成小康社会而奋斗[M]. 北京：人民出版社，2012：16.

② 习近平．习近平谈治国理政[M]. 北京：外文出版社，2017：12.

甚至会走向反面”[①]。马克思把人全面自由的发展看作是制度建设的目的本身。制度的本质是建立稳定可信又普遍公正的利益分配规则，避免人人自危进而导致社会动荡不安，这是人们对制度的根本兴趣所在。因此，制度是用来改造人们的行为方式、创造人们更多的合作行为而不是改造人性。制度执行的实际有效性最终必须由制度执行实践主体的行为去解释。因此，制度如何解释和执行，这一切并不取决于制度本身，而取决执行实践主体的选择。着力解决实践主体主观性和实践方式局限性的问题，是实现制度优势落地并更好向治理效能转化的关键环节。

制度执行的实践主体是现实社会中的个人，个人在贯彻执行制度时难免带有个人局限性和主观性，“这种主观性的存在，使得作为实践主体的个人在对制度本身的理解以及对制度指向的社会现实的认知上，往往具有片面性和不彻底性，在进行治理实践的行为中容易出现偏差，这会导致制度与社会现实不能很好对接”[②]。无论是分配公共利益还是增进公共福祉方面，为杜绝非制度化手段牟取私利，确保法律和制度面前人人平等，应当将一切制度执行主体特别是各级党委政府领导干部的制度实践活动都纳入法治和制度框架。针对这一问题，维护制度权威的前提下，主要从制度执行主体个人、制度执行单位主体等两个要素进行着手。就主体个人而言，要着重规划和培训主体个人的制度执行素养和治理能力，使主体个人严格按照制度规范和程序责履职担当，用良好的执行能力、应变能力发挥服务作用，同时加强对制度执行的全程监督。就制度执行单位主体而言，在党的集中统一领导下，以“全国一盘棋”制度优势调动各方面力量的积极性实现多元化主体共治，提高各级各类制度的执行能力，同时明确党政、政企、企业单位、事业单位、社会组

① 邓小平．邓小平文选：第三卷[M]. 北京：人民出版社，1993：333.

② 毕国帅，李海青．从优势到效能：推进国家治理现代化的实践遵循[J]. 北京行政学院学报，2020（1）：51-57.

织、群团组织等单位主体之间的边界关系。

四、对制度执行的监督

单纯依靠人们的美好愿望去规范人的行为是不现实的，因此必须有刚性的制度来加以引导。同样，单纯依靠人们的自觉性让人民遵守制度也是不现实的，必须对制度的执行进行监督才能确保制度在执行的过程中不会存在“做选择、搞变通、打折扣”的现象。国家治理效能的实现，首要前提是制度具体细化的执行性制度、机制，如各项法律法规、各个行业各个领域的各种制度和法规、各级组织管理制度等。除了要有制度基础，还必须有制度执行机制，对制度执行的全过程进行全方位的监督，只有这样才能确保制度的正常运行并产生良好效果。

制度执行的内部监督是指党政机构内部对执行权力，运用制度达到一定国家治理目标行为的监督系统，包括一般监督与专门监督等子系统，具体包括上级党政机构、下级党政机构、纪委监察部门。在行政系统中，监督部门包括上级政府的监督、法制部门的监督、监察部门的监督、审计部门的监督。制度执行内部监督，一是要实现全员监督，不管是中央机关还是地方的各级机关，或者是基层部门，都要杜绝监督不到位的情况，杜绝“小苍蝇”“小蛀虫”大行其道；二是要有全过程监督。在制度运行所有环节，不管是制度的发起，还是制度运行的末端，即制度运行的“最后一公里”，都要实现全过程监督；三是要实现制度运行的全方位监督，不管是生态环境保护、乡村振兴建设，还是区域协调发展和科技创新等方面的工作都要实现有效监督，确保制度执行的良好效果。

制度执行的外部监督是指党政系统之外的主体对制度运行各方面各环节的监督，如社会组织和公民的监督。外部监督一是依赖于全民监督的氛围的形成，人们一旦发现制度运行存在的各种问题应及时向相关部门检举揭发，克服“事不关己，高高挂起”的错误思想；二是克服“政治冷漠”现象，公民和社会组织依法行使自身的各种政治权利，如选举权与被选举权，监督权等；三是具备完善的保护举报者的体制机制提高人们参与外部监督的主动性。

第六章　新发展阶段提升国家治理效能的实践路径

通过分析国家治理效能的理论基础，历史逻辑及现实困境，可以发现，新发展阶段提升国家治理效能必须把坚持和完善根本领导制度作为政治基础，把推进国家治理体系现代化作为政治保障，把全面依法治国作为基本方式，把优化治理主体结构作为新动能，把构造制度执行的软环境作为提升国家治理效能的关键环节，在此基础上实现国家治理主体与客体的统一，目的与方式的统一，理论与实践的统一，结构与功能的统一，最终达到提升国家治理效能的目标。

第一节　坚持和完善根本领导制度是提升国家治理效能的政治前提

一、坚持和加强党对国家治理的全面领导

中国特色国家治理必须坚持党的全面领导，在国家治理各领域、各方面、各环节都要体现出党的领导，都要以党的领导作为根本的政治前

提，只有这样国家制度体系才能不断完善和发展，国家治理能力才能不断地提升，国家治理效能才能逐步提高。党的全面领导制度是中国特色社会主义制度的特色，也是最突出的优势。党的十九届四中全会明确将中国特色社会主义制度的优势归纳为十三个方面，其中第一项优势就是“坚持党的集中统一领导，坚持党的科学理论，保持政治稳定，确保国家始终沿着社会主义方向前进的显著优势。”① 党的集中统一领导之所以要放在中国特色社会主义制度十三个优势的第一位突出出来，中国共产党领导是中国特色社会主义的最大特色，也是最大优势，既是实现中华民族伟大复兴的根本政治前提，也是当代中国取得一切发展进步的根本保障。

党的领导要贯彻到国家治理的各个领域。习近平总书记指出：“我们要把坚持党的领导贯彻和体现到改革发展稳定、内政外交国防、治党治国治军各个领域各个方面，确保党始终总揽全局、协调各方。”② 尤为重要的是，党的领导还要贯彻到国家治理的各方面。在政治领导方面，中国共产党在政治体制中处于领导核心地位，这不仅是历史的选择，也是人民的选择。实践证明，这个政治领导体制是管用的，是得到全体人民拥护的，在这个政治领导体制的作用下，中国人民经过努力奋斗取得了辉煌的成就。新发展阶段是实现中华民族伟大复兴的关键阶段，前进道路上会碰到更多的艰难险阻，党的政治领导只能加强，不能减弱。在思想领导方面，要坚持马克思主义在意识形态领域的领导地位，对党员和群众进行无产阶级思想的教育，用先进科学的理论武装全体人民，只有这样才能把全国人民拧成一股绳，共同实现中华民族伟大复兴。在组织领导方面，要根据时代的发展要求不断巩固党的阶级基础，壮大党的

① 本书编写组.《中共中央关于坚持和完善中国特色社会主义制度、推进国家治理体系和治理能力现代化若干重大问题的决定》辅导读本[M].北京：人民出版社，2019：3.

② 习近平.论坚持党对一切工作的领导[M].北京：人民出版社，2019：12.

群众基础，使中国共产党这一百年大党人才辈出，永远是工人阶级、中华民族的先锋队，永远能够发挥模范带头作用，带领全国各族人民攻坚克难，奋勇向前，夺取一个又一个的新胜利。

加强党对人大、政府、政协工作的全面领导。人民代表大会制度是人民当家作主的根本途径和最高实现形式，代表着最广大人民的根本利益，是中国最根本的政治制度，只有把党的领导全面贯穿于人大工作的全过程，确保党的主张和意图经由人大这个法定程序转化为普遍的意志，才能保障人民依法通过各种途径和形式管理国家和社会事务，真正成为国家和社会的主人。坚持党对各级人民政府的领导，是做好政府工作的根本保证。把“坚持党的全面领导”作为政治协商工作的首要原则是人民政协事业始终沿着正确方向前进，不断巩固和扩大党执政的群众基础和社会基础，人民政协制度彰显制度优势的根本前提。加强党对人大、政府、政协工作的全面领导，要发挥党组在领导人大、政府、政协工作中的特殊作用，不断完善和发展人大、政府、政协党组的各项制度，确保党的领导真正落到实处。要不断完善定期听取人大、政府、政协党组定期向同级党委请示报告制度，工作汇报制度，各级人大、政府、政协党组严格落实请示报告制度，人大、政府、政协的重要会议、重要立法、重要工作、重大事项应该及时请示报告。

加强党对人民团体、企事业单位、社会组织的全面领导。加强党对社会组织的领导。中国共产党第十七次全国代表大会报告首次提出了“社会组织”的概念。“社会组织”主要是指在民政部登记注册的社会团体、非企业单位和基金会。社会组织的特征是非政府性、非效用性、服务性和公益性[①]。因此，有些社会组织会认为自身不需要党的领导，不需要党和政府过多的参与。这种想法是错误的，每个社会组织都需要设立

---

① 侯迎欣.把握特点规律提升社会组织党建工作质量和水平[J].旗帜，2020(10)：67-68.

基层党组织，完善和加强党建工作，使党对社会组织进行全面的指导。进入新时代，社会组织的数量逐渐增多，必须重视党对社会组织的领导，同时保障经费，明确对社会组织的财政支持。社会组织对于加强党的方针政策的宣传，普及广大人民群众的科学、法律等知识，促进社会和谐发展具有独特作用。加强党对妇联工作的领导。党在革命、建设和改革年代就重视妇女工作，可以说没有广大妇女的帮助，中国革命、建设和改革事业不会那么地成功，妇女在我国的成长道路中扮演了十分重要的角色。1949 年 4 月，中华全国妇女联合会成立，其是全国各族各界妇女为争取进一步解放与发展而联合起来的群团组织。全国各地都有妇联，引领妇女跟党走，鼓励妇女为社会主义社会做贡献。要加强党对妇联工作的全面具体领导，重视妇女工作，健全妇联组织机构，发挥妇联的职能，不断提升治理效能。

只有坚持和加强党对治国理政的全面领导，着力提高党把方向、谋大局、定政策、促改革的能力和定力，党的领导才能更加有力有效，才能始终把握工作主动权。坚持和加强党对治国理政的全面领导，是当代中国取得发展进步的根本政治前提和保证，也是国家治理效能得以实现和提升的重要砝码。

二、深化党的组织建设凝聚国家治理的主导力量

要想发挥党在国家治理中的领导作用必须通过一定的载体来实现，而这个载体，就是党的各级组织。党的组织网络化嵌入社会的各个方面，从而实现党对国家治理的全面领导，是中国特色国家治理的鲜明特色，也是巨大优势。对于党的基层组织建设，党章规定：“企业、农村、机关、学校、科研院所、街道社区、社会组织、人民解放军连队和其他基层单位，凡是有正式党员三人以上的，都应当成立党的基层组织。”党的组织要与社会发展相适应，有党员的地方，都应该建立党的组织，在农村的田间地头、工厂的流水线上都应该建立党的组织。党的组织直

接把支部建立在基层，将党的支部建立到乡村，直接打通了执政党与社会最底层的沟通渠道①。支部直接建在基层，最大的优势和特点是，党的组织具备了直接接触社会大众的机会，建立了直接动员社会大众的制度，增加了直接吸纳社会资源的途径。面对新时代新要求，必须深化党的组织建设，提升党的战斗力和堡垒作用，只有这样才能凝聚国家治理的主导力量，不断提升国家治理效能。

一是健全党的组织体系建设。党的治国理政工作和领导工作，必须靠坚强的组织体系来完成，因此党的组织体系建设在国家治理中处于核心地位。中央和国家机关、地方党委、基层党组织在国家治理中分别定位为“最初一公里”“中间段”“最后一公里”。党中央决策不走题，中央和国家机关贯彻决策部署不走形，地方党委落实决策部署不走调，基层组织执行部署不走样，形成上下贯通、各司其职、执行有力的严密体系。不断推进党组和地方党委的工作制度化规范化程序化，对党的基层组织议事决策形式作出系统规定。突出地方党委全面从严治党的政治责任，发挥地方党委总揽全局、协调各方的领导核心作用。统筹推进基层党组织建设，以重点带动整体，对于重点的六个领域，即“两面（城市和农村）、两线（国企和高校）、两新（新经济组织和新社会组织）”要更加注重组织体系建设的有效性。

二是加强治国理政干部队伍和人才队伍建设，创新用人机制。治国理政，关键要抓住“关键少数”，党的各级干部队伍素质的高低决定着国家治理效能能否实现以及实现到何种程度。贯彻落实新时期好干部标准，把政治标准放在第一位。树立以能力和实绩为本位的选人用人观，摒弃论资排辈、照顾平衡等陈旧观念，建立完善竞争择优录取的选人用人机制。建立科学的政绩考核评价标准，准确考核和评价干部政绩，并通过对政绩的分析来评判干部的能力。

---

① 彭冰．中国50年代的国家与契约[J]．北大法律评论，1998（1）：143-157.

三是不断提高党员质量。党员是党组织的细胞，细胞的活跃程度和健康程度决定了肌体的健康和活力。发展党员时要更加注重质量，把政治标准作为发展党员的首要依据，正如习近平总书记强调的“党组织要严格把关，把政治标准放在首位，确保政治合格”。要严格按照《中国共产党章程》和《中国共产党发展党员工作细则》发展党员，明确党员发展全程留痕，实施责任终身追究机制。据中组部统计数据，党的十八大以来，发展党员数量总体下降，但是产业工人、青年农民、高知识群体和非公有制经济组织、社会组织中发展党员数量增加明显。

三、以党的伟大自我革命带动提升国家治理效能

过去，中国共产党从革命及自我革命中走来，也必将从革命与自我革命中走向未来。治理能力与治理体系现代化，需要党的现代化。在现代化伟大进程中，党始终保持“自我革命性”，成为推进国家治理现代化的重要推力。党的伟大自我革命是一项复杂、系统的工程。应从以下几个方面推进。

一是要重视思想革命。所谓思想革命，即侧重于对历史的评析和认识，广大共产党员必须树立正确思想意识，以马克思主义思想为指导，正确评判历史，正确认识历史，要善于进行自我否定和自我批评，不断完善自身，保证与时俱进。思想引领实践，这就要求共产党在与时俱进的同时要把握根本方向，必须坚持和发展马克思主义，注重提高马克思主义理论水平，学深悟透，融会贯通，掌握辩证唯物主义和历史唯物主义，掌握贯穿其中的马克思主义立场观点方法，做马克思主义的坚定信仰者、忠实实践者。强化理论武装，不能将马克思主义看作空洞刻板的教条，坚持马克思主义随时间的发展而丰富进步，始终贯彻和坚持发展中国特色社会主义，用马克思主义武装全党的同时要将马克思主义和改革开放的实践成就进行有机结合，将邓小平理论、“三个代表”重要思想、科学发展观、习近平新时代中国特色社会主义思想等重大思想理

论成果作为新时代指引全党前进的指南，为国家治理提供思想方案，保证党在国家治理之中思想的先进性，避免犯历史错误，在实践中孕育新观点、新思想[①]。

二是注重党内制度革命。中国特色社会主义制度是一个严密完整的科学制度体系，党的领导制度是我国的根本领导制度，制度革命并不是对于现有制度的彻底否定，而是对其进行不断进行健全的过程。这就要求共产党员必须坚持中国共产党党内制度革命，必须坚持和完善党的领导制度这一根本政治制度，并在此基础上根据中国实际不断完善其他制度，以彻底的、全面的、与时俱进的制度革命来推动治理水平的提高。同时要根据实际将我党治国理政先进经验做法运用到系统的制度建设以及党内法制法规建设工作中去，让党的各项制度法规更加科学化、合理化、人性化、现代化，更加直接和方便地服务于群众，真正做到幼有所育、学有所教、劳有所得、病有所医、老有所养、住有所居、弱有所扶。此外，也要注意到，党内制度革命是在根本制度不变的情况下，根据实践中出现的新问题、新情境对现有制度的完善与优化，最终目的就是为国家治理现代化扫清的障碍。

三是强调能力革命。习近平总书记在指导党的群众路线教育实践活动时，强调要使从严治党的一切努力都集中到增强党自我净化、自我完善、自我革新、自我提高能力上来。在自我革命中增强“四个自我”能力，中国共产党因革命而生，勇于自我革命是熔铸在中国共产党人血脉里的政治基因，是增强“四个自我”能力的法宝。自我净化，就是要经常清洗思想和行为上的“灰尘”，冲掉附着的“病菌”，始终保持干干净净，清清白白。自我完善，就是要注重抓“短板”，补“缺陷”，治“未病”，始终追求思想、道德、制度机制等各方面的完善。自我革新，

① 郑永年．中国共产党的“自我革命”：中共十九大与中国模式的现代性探索[J]．全球化，2018（2）：11-19.

就是要敢于改革，勇于创新，坚持理论创新、制度创新、科技创新、文化创新等各方面的创新，不断开拓前进。自我提高，就是要不断提高理论、品格、知识、能力等各方面的素养，不满足，不懈怠。每个“自我”，都突出内生的力量。“四个自我”能力推动形成了依靠党自身力量发现问题、纠正偏差、推动创新，实现党执政能力整体性提升、更好“守初心、担使命”的良性循环格局。[①]

面对新时期的发展与挑战，政治能力、调查研究能力、科学决策能力、改革攻坚能力、群众工作能力、抓落实能力。虚心学习，认真实干，不断在实践中磨砺自我，不断在实践中总结经验提升能力，中国共产党是风雨来袭时中国人民最可靠的主心骨，我国社会主义制度是抵御风险挑战的最有力制度保证，要把握正确政治方向，坚持中国共产党领导和我国社会主义制度；对经过充分研究、比较成熟的调研成果，要及时上升为决策部署，转化为具体措施；对尚未研究透彻的调研成果，要更深入地听取意见，完善后再付诸实施；对已经形成举措、落实落地的，要及时跟踪评估，视情况调整优化。干事业就要有钉钉子精神，抓铁有痕、踏石留印，稳扎稳打向前走，过了一山再登一峰，跨过一沟再越一壑，不断通过化解难题开创工作新局面。在工作中提升自己的能力，进而为国家治理能力的提升贡献自己的力量，适应国家治理对于能力建设新要求。

---

① 赵绪生．论新时代中国共产党的自我革命[J]．中共中央党校学报，2018（5）：81-88.

第二节　推进国家治理体系现代化是提升国家治理效能的制度保障

一、构建系统完备的国家制度和治理体系

当前，我国已经建立起了完备的制度体系，涉及国家治理的方方面面，不管是政治、经济、文化、社会还是生态文明，我们都构建了严密的治理制度和治理体系。但是在这几个大的系统下面，还有某些领域、某些方面的制度和治理体系存在漏洞，有些是历史原因造成的，有些是经济社会快速发展而导致制度跟不上时代的变化。因此，应该把一些空白的领域的制度补齐，特别是高新科技领域的制度空白，如电子货币、虚拟货币的治理与立法，要跟上社会发展的进度。解决漏洞，进而构建完备的国家制度和治理体系是国家治理效能提升的必要条件和基本要求。

除了要构建完备的制度，还要考虑到各个系统间、系统内部制度和治理体系的系统性、协调性。从系统之间制度和治理体系的关系来看，政治、经济、文化、社会和生态文明五大治理体系是相互影响、相互联系的。目前我国的政治、经济和文化治理体系还不够完善，主要是社会和生态治理体系不太完善。加强社会和生态体系的建设发展，对于促进国家治理体系现代化具有重要作用。治理体系是治理能力的基础所在，治理体系的完善与否对治理能力的提升具有重要作用。要大力加强治理能力，特别是社会和生态治理方面的能力，使得国家治理能力实现均衡化发展。只有这样，国家治理体系和治理能力才能够均衡推进、协调发展，假若其中哪一方面的关系没有处理好，会间接影响着其他方面的发展，国家治理体系与治理现代化的推进便会受到影响，因此，必须

把国家治理体系的协调发展和国家治理能力的均衡发展相结合起来。从某一领域制度内部的协调和统一性来说，一个领域的制度可以分为根本制度、基本制度、重要制度，这些制度如何做到系统集成，使其相互影响、相互联系，发挥整体效应，彰显制度优势，这些都是领导层在制度设计时必须充分考虑的。

在中国特色社会主义制度和国家治理这样一个复杂的系统工程之中，必须明确，究竟要坚持和完善什么、发展和巩固什么。在坚定制度自信，把根基打牢的基础上，着重把短板补齐、让弱项变强。例如，要在“坚持和完善党的领导制度体系，提高党科学执政、民主执政、依法执政水平”上守正创新。坚持中国共产党的领导是中国特色社会主义最本质的特征，是中国特色社会主义制度的最大优势，党是领导一切的最高政治领导力量。坚持和完善党的领导制度体系，必然是坚持和完善中国特色社会主义制度的第一要义。这项极为重要、丰富的制度安排，从顶层设计的高度具体到六个方面的制度，即建立不忘初心、牢记使命的制度，完善坚定维护党中央权威和集中统一领导的各项制度，健全党的全面领导制度，健全为人民执政、靠人民执政的各项制度，健全提高党的执政能力和领导水平制度，完善全面从严治党制度，都充分体现了守正与创新的统一。特别是把“不忘初心、牢记使命”从全党深入持续开展的教育活动，确立为要着力建立的常态的、重大的制度，作为加强党的建设的永恒课题和全体党员、干部的终身课题，形成长效机制，就是一项重大的理论创新、实践创新和制度创新。

二、构建科学规范的国家制度和治理体系

构建科学规范的国家制度和治理体系，必须有科学的方法和科学的态度。第一，在制度设计时要坚持“顶层设计与基层创新”相结合。在制度设计的过程中，会存在脱离实际的情况，加强顶层设计与基层创新的结合是推进国家治理现代化的重要要求。这一安排，使得现代化制度

建设的本质属性被呈现出来，也反映了国家治理现代化对制度建设的内在要求。顶层设计最大的好处就在于能够从国家层面对制度定位做出非常好的安排，树立正确的制度观，对制度有一个清晰的认识与理解。因此，国家制度的设计要从顶层方面去考虑，古人常说“顶天立地”，任何制度的设计都要立足基层创新，这样才能使得制度在制定、推进的过程中避免出现大而全、大而空的问题。基层在实践中具有重要作用，属于第一位，是制度发展的重要来源，可以使制度建设更接地气，避免不符合实际情况，这在无形中增强了制度的全面性、可行性。制度推进的过程需要把顶层建设和基层创新相结合，可以通过以下路径推进。其一，注意总结制度在推进过程中的经验，及时反馈，在理论的基础上进行凝练总结，进而升华为指导原则，以便指导下一步的制度推进。其二，设立制度推进的项目团队，专门研究制度推进事宜，其中团队成员有来自经验丰富的基层骨干，也有来自熟悉理论基础、统筹规划的高层领导，实现顶层设计人员与基层项目人员的互动交流。其三，在中央层面，设立专门的制度推进组织机构，专职专干。因此，立足基层及时总结经验，同时基于整体统筹全局，使得顶层设计与基层创新能够充分结合起来，增强制度推进的扎实性，使其更接地气，从根本上助推国家治理现代化的进程。

第二，协调推进与重点突破相结合。现代化制度建设的必然选择是加强制度间整体性、系统性，克服制度建设中碎片化问题的关键，也是完善国家治理体系、提升治理能力的重要手段。制度之间存在相互影响相互联系的趋势，通过统筹推进，不断加强不同层次制度之间的协调，不断加强不同类别制度之间的推进，在这个过程中，不同层次、不同类别的制度能够得到很好的融合和创新，避免了单一性，增强了不同类型制度之间的通畅，让制度的方方面面能够相互结合起来，联系更加紧密，交织成一个相互影响、相互联系的制度网络，发挥制度的系统性，解决制度之间的碎片化问题，消除制度交流的障碍与盲点。但是，在协调推进制度建设时，也要突出重点、抓住关键，避免均衡论，这是解决制度建设中纵向碎片化的重点。首先要基于时间的要求，通过以问题为导向，建章立制。与此同时，还要以此为中心，完善与之相关领域的制度建设，以重点领域的制度建设协调推进相关领域的制度建设，加强制度的横向联系。其次，在整体推进制度建设的过程中，主要矛盾是必须抓好的，善于把握问题重点，善于发现问题的症结所在，把握典型、树立典型，为其他领域的发展提供参考价值，以重点领域的制度推进影响和带动其他方面制度的推进，强化制度之间的横、纵向联系。重点寻找主要矛盾，突破主要问题，协调各项制度之间的发展，克服制度推进中的碎片化问题，为创造具有中国特色的制度推进提供新思路。

第三，政治参与社会动员相结合。政治参与的非制度化，会使得民众参与感被削弱，社会感缺失。针对这样的问题，建立社会动员机制是非常有必要的。简单来说，就是民众互动参与到制度推进中。在治理体系中，国家治理能力的强弱很大程度上受到人民群众参与意愿高低的影响。习近平总书记在谈话中多次强调“人民群众的重要性”。现在亟须处理的就是“群众反映、领导研究、组织处理”的方式。这样的方式是自上而下的，真正能够解决问题的主动权在于领导，而不是在民众手上，这使得在处理问题时，决策可能会表现出一定的随意性。假设问题没有得到很好的解决，民众参与的积极性会受到冲击，不能有效扩大民众参与政治的范围。因此创造一个轻松、自由的参与环境至关重要，让大家能够在一个公平的环境中进行沟通和解决问题，一起为实现更大的发展目标努力。通过建立完备的社会动员机制，能够增强政府决策的公平性和全面性，增强民众的使命感和社会责任感，调动起整个社会的积极性。

三、不断推进国家制度和治理体系创新发展

国家治理的一系列体制和机制共同构成了国家治理体系，体制是国

家治理体系的静态方面，属于主导性制度，治理体系的性质与发展方向受其影响，是相对稳定的制度；不同的是，机制是国家治理体系的动态方面，属于辅助性制度，能够对国家治理体制起助推作用，是比较灵活的制度。体制的推进和改革是有一定周期的，与此相对应的是，体制的改革应是周期性的，机制的调整应是经常性的。因此，我们国家的治理体制要结合经济社会发展的状况进行相应改革，推进国家治理体系的规范化、科学化，推动国家治理能力的系统化发展。国家治理机制要根据新的情况新的形势进行及时调整，让治理主体更好地适应新环境带来的变化，推动问题快速、高效地解决，进而提升治理能力的专业化水平。只有这样，才能更好适应现代社会复杂的变化，更好地指导现实情况，才能推动国家治理体系和治理能力的现代化。

一是开放互动与约束激励相结合。解决制度推进中单向化倾向的办法，就是把开放互动与约束激励相结合，这是推动制度建设现代化的题中之义，是国家治理体系现代化的重要标志，对国家治理能力的提升有着重要影响。开放互动要求在制度推进过程重视系统化思维，树立动态思维，关注经济社会发展的变化发展，注意制度与社会环境间的交流互动，根据环境的变化对制度作出相应调整，避免制度建设的碎片化，有效应对“信息孤岛”。制度的本质属性是约束和激励，作为制度现代化程度的重要评价标准，任何一种制度理论，必然有某种方式把宏观行为和制度约束与在此制度中活动的个体的微观行为连接起来。约束和激励就是这个“连接起来”的方法。制度的这两种作用，是双重性的，这就决定了制度推进要做到约束与激励的相结合。一是要在制度推进的过程中树立一种向民众开放的思维，把民众参与渠道梳理畅通，打破制度推进中的封闭化状态，让民众的个人意志能够在制度推进中得到有效表达，注重约束与激励因素的统一。二是要树立系统化思维，动态反应机制与反馈机制是建立健全制度的重要方面，推动加强制度与周边环境的互动。把开放互动与约束激励有效结合在一起，将社会发展中的正能量、真优势发挥出来，提高制度效能，为推进国家治理能力现代化增添光彩。

第三节 全面依法治国是提升国家治理效能的基本方式

一、坚持依宪治国、依宪执政

“坚持依宪治国、依宪执政”是习近平总书记在中央全面依法治国委员会第一次会议上强调的重点内容。体现了以习近平同志为核心的党中央对于国家治理上升到法治层面作出重要部署和安排。把依法治国与依宪治国、依法执政与依宪执政进行有机结合，突出强调了宪法在我国治国理政中的重要性。

从 1954 年我国制定首部《中华人民共和国宪法》至今，我国在国家治理过程中对宪法进行了多次修订。宪法在不同历史为国家的进步发展作出了突出贡献。尤其是 1982 年宪法的制定是改革开放和社会主义现代化建设迫切需要国家根本大法的指导，是改革开放和社会主义现代化建设中面临的问题急需解决的背景中出现的。1982 年宪法诞生以来，根据我国改革开放和社会主义现代化建设中面临的新情况新问题，分别于 1988 年、1993 年、1999 年、2004 年、2018 年作了五次修改，形成现在比较完备的宪法体系。

新时代坚持依宪治国、依宪执政必须坚持以下三点。一是推动宪法制度与时俱进。党和人民的事业每前进一步都需要宪法的支持，在全面建设社会主义现代化的新阶段，实现“十四五”所确定的各项目标任务，推进社会治理现代化，必须保持宪法的连续性、稳定性、权威性。二是加强立法工作，深入实施宪法。通过不断加强立法工作，实施宪法，形成完备的法律法规和制度体系，尤其是当前处于空白的领域，需要加快制定与完善相关法律法规。三是大力弘扬宪法制度和宪法精神。在经济和社会发展中，大力弘扬宪法作为行为依据的作用和精神，让社会对宪法的尊重和依靠成为一种时尚。尤其是在处理社会重大问题上，紧紧把握宪法的内涵和作用。

二、建设法治国家、法治政府、法治社会

（一）坚持法治国家、法治政府、法治社会的统一与协调发展

首先，法治国家是目标任务。建设法治国家是法治政府和法治社会的目标，在建设与发展中，法治政府、法治社会必须服从服务于这个目标任务，不能偏离。党的十八届四中全会明确指出全面依法治国的总目标、总任务就是“建设社会主义法治体系，建设社会主义法治国家”，法治政府、法治社会要紧紧围绕全面依法治国的总目标、总任务开展建设与发展。在顶层设计、体制机制、工作落实上与法治国家建设紧密统一呼应。

其次，法治政府是法治国家建设的主体动力。法治政府建设的不断推动与发展，使其内在主体动力随着政府的依法行政、依法执政的不断发展从而得到强化。法治政府建设的效果与质量关系到国家法治建设的大局与布局，也关系到法治社会建设的进步与效果。没有法治政府的充分发展，法治国家目标难以有效实现，法治社会也难以推动。党的各级政府组织和部门必须以身作则，带头依法执政、依法行政，在法治道路上做“领头羊”“催化剂”。

再次，法治社会是基础。法治社会是建设法治国家、法治政府的基础，没有法治社会，就不会有法治国家和法治政府。只有法治社会建设在新时代得到有效推进，法治国家和法治政府才会有效发展。人民大众是法治社会建设的重要力量，习近平总书记指出，“法律要发挥作用，

需要全社会信仰法律。”[①] 只有人民大众真正信仰法律，自觉运用法律来办事，成为一切行为的准则，才能将法治在全社会弘扬起来，成为一种风尚，才能将法治社会打造起来。

最后，要坚持党的领导在法治国家、法治政府、法治社会建设中的统一领导作用。习近平总书记在党的十九大报告中指出，“必须把党的领导贯彻落实到依法治国全过程和各方面。”[②] 只有坚持党的领导，才能保证中国特色社会主义法治道路、法治体系、法治国家、法治理论的中国特色社会主义性质，才能提高全社会的法治水平和广大人民群众的法治素养。

（二）协同推进法治国家、法治政府、法治社会建设

一是不断完善和推进中国特色社会主义法治体系建设。法治国家、法治政府、法治社会都属于中国特色社会主义法治体系的重要组成部分，所涉及的内容非常广泛，包含了法治国家、法治政府、法治社会建设的各个方面内容，对于推进全面依法治国，推进国家治理体系和治理能力现代化具有直接作用。要紧紧围绕法治国家、法治政府、法治社会建设的薄弱环节和短板问题，不断提升治理水平和治理能力。

二是进一步推进法律的至高无上。一个注重法治的国家、政府、社会，必然是将法律奉为至高无上的，当然，法律的至高无上不是停留在口头，需要全社会各个系统严格地遵守。从主体上来看，每个中国人都要遵守法律，法律对任何人都有一样的约束力。从规则上来看，任何规则不能与其相抵触或冲突。在当前经济社会快速发展的新时代，各个地方都在克服改革和发展中的瓶颈时，更需要严格遵守法律，不能越“雷

① 中共中央文献研究室．十八大以来重要文献选编[M]．北京：中央文献出版社，2014：722.

② 佚名．中国共产党第十九次全国代表大会文件汇编[M]．北京：人民出版社，2017：18.

池”半步。将依法行政作为法治政府的突破口。法治政府建设的主要路径只能是依法行政，在法律的允许范围内进行政府所有活动，不允许任何政府部门，包括工作人员突破法律的界限。

三是在全社会弘扬法治精神。法治社会不仅要在政府内部实施，更重要的是在依法行政带领下开展法治社会建设。法治社会建设要让法律成为每个人遵守的信仰。在全社会加强法律教育和普及，加强贯彻相关教育的实施和执行，不能停留在形式。法治社会建设要划清法律界限。对于遵纪守法的榜样，要及时公布，在全社会形成学习氛围，增强看齐意识。对于破坏法律，不遵守法治精神的行为更要及时给予惩处，吸取教训，客观深刻分析，增强社会教育意义。要在日常生活中，积极培育法律素养。

四是实行法治建设责任制制度。法治国家、法治政府、法治社会建设需要有顶层设计和宏伟蓝图，也需要有实施方式和实施进度安排。政府部门作为法治建设的担当者，要从国家、政府、社会角度充分重视法治建设的重要性，层层压实压紧法治建设责任制度，加强法治建设的考核、检查、督导、培训，通盘考虑相关问题。大力选拔法律素养和法治素养好的干部充实干部队伍。加强纪检监察部分对于法治建设的监督检查功能。

三、充分发挥立法的引领和推动作用

（一）要坚持党对立法工作的领导

党的十八大以来，习近平总书记紧紧围绕法治建设和立法工作作出了一系列重要讲话，成为新时期加强和改进立法工作的重要指导思想。党的十八届四中全会明确指出“加强党对立法工作的领导，完善党对立法工作中重大问题决策的程序。凡立法涉及重大体制和重大政策调整的，必须报党中央讨论决定。”[①]这一要求为新时代立法工作指明了方向。2016年，中共中央专门修订出台了《中共中央关于加强党领导立法工作的意见》，为立法工作必须坚持党的领导提供了遵循。

（二）坚持立法与改革相协调

一方面，立法与改革之间既有矛盾，又相互依存，辩证统一。“立法是把稳定的、成熟的社会关系上升为法，把社会关系用法的形式固定下来，追求稳定性，其特点是‘定’。改革是对原有的不适应经济社会发展的制度、做法进行改变，是社会主义制度进行自我完善的手段，其特点是‘变’。”[②]因此，看两者似存在矛盾与冲突，“定”与“变”成为一对“矛盾”。另一方面，立法与改革密不可分。“定”与“变”并不是实际的对立与冲突，而是相互依存与发展。立法的本质就是为了推动改革，维持永远的“定”；改革的本质就是为了稳定，稳固相对和谐的社会关系。

（三）坚持民主立法、科学立法

法律的内在要求就是公平与正义，在立法中必须坚持民主立法与科学立法，确保人民及各方面意见能及时得到有效搜集与衡量，不能关起门来搞立法，而要坚持开门立法。坚持重点领域立法，及时将党和国家事业发展中的重要工作要求在立法工作中进行规定和指导，推动党和人民事业的顺利发展。坚持为民立法的宗旨。人民是国家的主人，人民是历史的推动者，人民是党和国家事业的支柱，党和国家事业的发展其最终受益人也是人民。既要倾听人民的呼声，又要坚持民主立法、科学立

---

① 新华社．中共中央关于全面推进依法治国若干重大问题的决定[N]. 人民日报，2014-10-29（1）.

② 乔晓阳．发挥立法对改革的引领和推动作用[N]. 人民日报，2016-07-19（9）.

法，使立法始终在中国特色社会主义法治道路上前行，做到“人民有所呼，立法有所应”。

四、完善司法管理体制和司法权力运行机制

（一）切实保证审判权和检察权行使的公正性

新时代新阶段，在改革发展中尽快完善保证司法公正的各项规章制度，保证司法公正与公平，禁止任何人、任何部门干预司法公正。党的十八届四中全会指出，要“建立领导干部干预司法活动、插手具体案件处理的记录、通报和责任追究制度。”[1]在社会中，要大力维护司法的权威，禁止任何人和部门破坏司法秩序和拒不执行司法判决的行为。从法律上，对于其行为进行严厉惩戒。

（二）优化司法职权配置功能

党的十八届四中全会指出“健全公安机关、检察机关、审判机关、司法行政机关各司其职，侦查权、检察权、审判权、执行权相互配合、相互制约的体制机制。”[1]形成既相互制约，又相互依存的司法制度。加快审判权和执行权相分离的体制改革试点工作的实践探索和工作进度。进一步完善新时代的刑罚执行制度，统一刑罚执行体制。使其更加适应中国特色社会主义法治道路下的社会发展。积极探索法院、检察院司法行政事务管理权和审判权、检察权科学分离制度。

（三）完善司法管辖体制

党的十八届四中全会指出：“最高人民法院设立巡回法庭，审理跨

① 新华社．中共中央关于全面推进依法治国若干重大问题的决定[N].人民日报，2014-10-29（1）.

行政区域重大行政和民商事案件。”[①] 巡回法庭的设立，有利于审判机关重心下移，进一步关注基层司法问题，解决司法问题，提高司法权威与公正。创新探索建设跨行政区划的人民法院和人民检察院，解决跨区域司法问题，平等保护外地当事人的合法权益，维护法律公平正义。完善行政诉讼体制机制，切实解决行政诉讼立案难、审理难、执行难等突出问题。

（四）优化司法权力运行相关机制

进一步改革法院案件受理制度，改革不立案状况，积极做到依法有案必立、有诉必理，促进群众诉讼难问题，充分保障当事人的合法权益；改革刑事诉讼中认罪认罚从宽制度。由于我国人口众多，相比较而言，案件高发，尤其是刑事犯罪率较高。提高治理水平和治理能力，必须适当简化合理程序，对于被告人自愿认罪认罚的情况要及时终止法律程序，避免造成司法资源浪费；完善审级制度。党的十八届四中全会指出，在审级定位方面要坚持“一审重在解决事实认定和法律适用，二审重在解决事实法律争议、实现二审终审，再审重在解决依法纠错、维护裁判权威”。有利于各级司法职能部门对于一审、二审、再审定位的把握；加强以审判为中心的诉讼制度的优化与改革。审判是人民法院审理案件、作出裁判的司法活动，是诉讼的中心环节。法庭是查明事实、认定证据、形成裁判结果的场所。没有庭审，就没有裁判。充分发挥审判特别是庭审的作用，是确保案件处理质量和司法公正的重要环节。党的十八届四中全会提出要“全面贯彻证据裁判规则，严格依法收集、固定、保存、审查、运用证据，完善证人、鉴定人出庭制度，保证庭审在

① 新华社．中共中央关于全面推进依法治国若干重大问题的决定[N]．人民日报，2014-10-29（1）．

查明事实、认定证据、保护诉权、公正裁判中发挥决定性作用”[①]。这就要求在审判中，必须坚持以庭审为中心开展司法活动，确保侦查、审查起诉等程序经得起法庭质证和法律的检验；探索并建立检察机关提起公益诉讼的相关制度。“实践中，一些个人、法人、组织违法或者侵权行为侵害国家和社会公共利益，有的行政机关违法行使职权或者不作为造成对国家和社会公共利益侵害或者有侵害危险，由于没有直接利害关系人或者利害关系人不确定，导致无法提起诉讼。”[②] 这样的情况虽然在现实中鲜有发生，一旦出现法治国家建设要求司法机关必须维护当事人的合法权利。

五、增强对司法活动的监督与约束

完善对司法机关内部的监督机制。党的十八届四中全会指出要加强“司法机关内部人员不得违反规定干预其他人员正在办理的案件，建立司法机关内部人员过问案件的记录制度和责任追究制度。”[③] 进一步“完善检察机关行使监督权的法律制度，加强对刑事诉讼、民事诉讼、行政诉讼的法律监督。”[④] 这有利于保障人民检察院公正、公平履行法律赋予的职责，维护和促进司法公正；完善人民监督和社会监督。进一步创新、丰富、完善人民陪审员制度，使人民群众对司法活动能够有效监督与制约，建立健全相关程序，保障人民群众监督中的话语权。创新人民监督员制度，对于检察机关在立案、羁押、扣押冻结财物、起诉等

① 新华社．中共中央关于全面推进依法治国若干重大问题的决定[N]. 人民日报，2014-10-29（1）.

② 孟建柱．完善司法管理体制和司法权力运行机制[N]. 人民日报，2014-11-06(6).

③ 新华社．中共中央关于全面推进依法治国若干重大问题的决定[N]. 人民日报，2014-10-29（1）.

④ 新华社．中共中央关于全面推进依法治国若干重大问题的决定[N]. 人民日报，2014-10-29（1）.

环节中的司法活动进行全程监督，同时要加强新闻媒体对于司法活动的监督，积极回应社会和媒体的质疑与关切；进一步规范司法人员、当事人、律师、特殊关系人、中介组织等人员或组织之间的接触和行为。尤其是要“严禁司法人员私下接触当事人及律师、泄露或者为其打探案情、接受吃请或者收受其财物、为律师介绍代理和辩护业务等违法违纪行为，坚决惩治司法掮客行为，防止利益输送。”①

第四节　优化治理主体结构为国家治理效能提升提供新动力

一、不断推进党和国家机构改革

不断推进党和国家机构改革既是优化治理主体结构的落脚点之一，也是推进国家治理体系和治理能力现代化的内在要求。党和国家机构职能改革要适应国家治理的总体战略布局要求，充分发挥党总揽全局、协调各方的优势，其机构设置和职能配置需要精准对接发展所需、基层所盼、民心所向，使之成为提升国家治理效能的新动力。当前，为提升国家治理效能提供有力制度保障在于加强党的领导和形成科学有效的党和国家管理体制，这既是新时代中国特色社会主义发展的需求，也是加快推进社会主义现代化的坚实支撑。让党和国家机构设置更加科学、职能更加优化、权责更加协同、监管更加有力、运行更加高效，是不断推进党和国家机构改革的常态化目标。

随着经济社会的不断发展进步，党和国家机构改革过程是动态调整的，不能追求一蹴而就和一劳永逸。自1981年以来，党中央部门和国

① 新华社．中共中央关于全面推进依法治国若干重大问题的决定[N]. 人民日报，2014-10-29（1）.

务院机构历经多次改革逐步建立起具有我国特色的党和国家机构职能体系，面对新形势新任务，解决党政机构重叠、职责交叉、权责脱节，以及政府机构设置和职责划分不够科学，职责缺位和效能不高，职能转变不到位等突出问题，需要打破以往机构改革的局限性，进一步坚持和加强党的全面领导，贯彻以人民为中心的发展思想来统筹协调机构改革。其中，坚持和加强党的全面领导作为深化党和国家机构改革的根本保证和首要任务，党领导一切工作的体制优势需具体化。例如，从优化党的组织、宣传、统战、政法、机关党建、教育培训等部门职责配置等方面着手，加强归口协调职能，统筹本系统本领域工作。针对党和国家机构改革过程中不断涌现的难题，要坚持问题导向，不断推进改革工作思路纵向到底，横向到边，以及依法依规执行改革工作程序和完善党和国家机构职能，依法履行职责和管理机构、编制，确保在法治轨道上进行改革探索。

推进党和国家机构改革的期待从人民中来，其改革实践也要经得住人民考验。从宏观视野来看，党和国家机构改革着眼于发展质量、效益及创新能力、生态环境保护、社会服务体系和民生领域、全面依法治国等领域的优化协调发展，通过调动中央和地方积极性以建立健全党中央对重大工作的决策协调机制，从根本上推进国家治理体系和治理能力现代化，改革的宏大蓝图立足当前，聚焦长远，强调系统性、全面性、重构性的逻辑理路以及对历史负责、对人民负责、对国家负责、对民族负责的坚定改革决心，发挥战略导向作用。人民群众的利益是党和国家机构改革实践成效的“试金石”，从微观视野来看，基层既是探索推进党和国家机构改革的“试验田”，也是借鉴和吸纳其有益探索经验的不竭源泉。因此，不断推进党和国家机构改革，一是重在维护人民群众在经济、政治、文化、社会、生态等各方面的权益；二是系统优化和完善公共服务体系（包括教育文化、卫生健康、医疗保障、应急管理等领域），通过组建和提升新机构的应用度和调整力度，满足人们对公共服务的高质量要求；三是加快建立权责统一的执法体系，坚定不移整改人民群众所不满意的突出问题，如执法不规范、不严格、不作为、乱作为等，确保执法队伍的整合组建能够覆盖市场监管、生态环保、交通运输、农业等领域；四是推进社会主义民主政治制度化、规范化、程序化，更好保障人民当家作主；五是把资源、服务、管理放到基层，让群众办事实现“零停留”和“零跑腿”，感到更加便利舒心等。

二、政府与市场两只手定位清晰、配合协调

政府与市场是现代市场经济体系中相互关联的两个重要组成部分。发展社会主义市场经济，关键是寻求政府行为和市场功能的最佳结合点，使政府行为能在调节经济、弥补市场功能失灵的同时，避免和克服自身的缺位、越位、错位等问题。这是我国社会主义市场经济体制完善过程中必须解决的重大课题。处理好两者关系对于培育打造新引擎、中国经济在新常态下平稳运行至关重要。党的十八届三中全会指出，使市场在资源配置中起决定性作用和更好发挥政府作用。

一是发挥市场在资源配置中的决定作用。市场在资源配置中起决定作用的经济就是市场经济，市场决定资源配置是市场经济的一般规律。主要通过价格、供求、竞争三大机制，调节社会资源配置。市场的调节作用，实际上是价值规律的调节作用。充分发挥市场在资源配置中的决定作用，必须自觉遵循价值规律。市场能通过价格涨落比较及时、准确、灵敏地反映供求关系变化，传递供求信息，实现资源配置，同时有利于推动科学技术和经营管理进步，促进劳动生产率提高和资源有效利用。由于市场具有自发性、盲目性、滞后性等固有弊端，必须重视规范市场秩序。例如，实行统一的市场准入制度，统一的市场监管，清理和废除妨碍全国统一市场和公平竞争的各种规定和做法。形成以道德为支撑、法律为保障的社会信用制度，运用经济、法律和必要的行政手段加强宏观调控。

二是加快转变政府职能，更好发挥政府作用。市场并不是万能的，市场难以完全解决国防、治安、消防等公共物品的供给，有些物品的制造和流通也不能完全让市场来调节。进入新时代，需要政府把管理中心转移到“统筹调控”上去，凡是市场能解决的问题、配置的资源，政府应大力支持；市场不能解决的问题、失效的配置，政府应该果断出手、主动补位，切实把该管理的管理到位。同时侧重通过简政放权、打造服务型政府，积极响应市场合理诉求，加强改进公共服务，维护市场秩序，从而更好地释放市场主体活力。在社会主义条件下，必须兼顾效率与公平。这也决定了政府必须做好宏观调控，通过经济、法律和行政等手段做好精准调控，调节供给和需求的关系、新兴与传统部门之间的关系，推动经济高质量发展。实行科学的宏观调控是发挥社会主义市场经济体制优势的内在要求。政府应该在优化营商环境上下功夫、推进简政放权、政策执行、法治环境、政务环境建设，把力气用在营造良好环境和搞好服务上，打造积极有为的服务型政府。

三是辩证处理政府与市场关系，使两者达到优势互补。处理好政府与市场关系，要讲辩证法，“看不见的手”和“看得见的手”都要用好。重要的是明确政府与市场的边界，加快转变政府职能，该放给市场的权要放好、放到位，该政府管的事一定要管好、管到位。政府要与市场结合，发挥协同效应，让市场决定资源配置，结合政府宏观调控，有效弥补市场失灵。市场在资源配置中起决定作用和更好发挥市场作用是有机统一的。坚持市场在资源配置中的作用，政府减少对市场资源的直接配置和微观经济活动的干预，进一步简政放权、放管结合、优化服务改革。新征程上，必须推动有效市场和有为政府更好结合，努力形成市场作用与政府作用有机统一、相互补充、相互协调、相互促进的格局，加快构建高水平社会主义市场经济体制。

三、政府与社会（社会组织）关系良性互动

随着社会经济转型与政府职能的转变，社会组织在国家治理体系中的作用也愈发重要。社会组织具有提供公共服务、化解社会矛盾，保障社会稳定性、扩大社会参与，提高社会主义民主政治等作用，在经济、科技、文化、教育等领域发挥着重要作用，与政府形成了良好的优势互补，新时代背景下，要进一步优化政府与社会组织的良性互动，让社会组织在推进治理体系和治理能力现代化中发挥更加重要的作用。

一是转变传统政府与社会组织互动观念。首先政府要主动转变观念，明确政府与社会组织在合作中的平等地位。政府和社会组织都是独立的法人，在法律上具有平等的关系。因此，政府在与社会组织开展合作和购买服务时，要主动转变角色，与社会组织之间开展平等互助的合作。政府利用政府购买服务来有效地改变自身职能，在条件成熟后，可以将之前的社会服务工作职能更多地向社会组织转移，促进社会组织提供优质公共服务，政府为其提供市场资源和资金支持，不断对服务过程进行监督。政府要继续加快自身职能的转变，由划桨式转变为掌舵式，不能将社会组织当成附属单位，减少对社会组织的过度干预，使社会组织独立于政府，为其发展提供空间，构建一个良好健康的发展环境①。此外，社会组织也要转变以往自身“附属品”角色的观念。由于历史渊源，社会组织长期处于一种政府机构“辅助工具”的角色，在政府的权威面前，天生不具有平等意识。因此，要想发挥社会组织与政府机构优势互补的作用，必须找准自身定位，主动建立与政府的联系，将自身与政府的关系转化为一种治理架构下的合作论，践行共建共享。

二是优化社会组织发展环境。社会组织的发展及其社会服务职能

① 唐蕊，杨武岐．政府向社会组织购买服务的制度、问题及改进[J]. 现代商业，2020（32）：149-150.

的发挥，对于促进政府职能转变、促进治理能力和治理体系现代化建设具有十分重要的意义。首先要进一步解放思想，给社会组织的培育和发展提供良好的土壤。因此，政府应当适当降低社会组织建立和登记备案的准入门槛，减少办事环节和程序；其次，政府要加大支持力度，尤其是对于经济、科技、教育、公益等重要领域，以及有利于社会发展的一些新兴领域，政府要大力出台鼓励政策，开放更多公共资源供社会组织共享，对于重点培育对象，可在人力、物力、财力上提供支持和帮助，进一步激励社会各界人士的积极性；最后，还应加强社会组织的立法工作。优良的制度环境是社会组织得以顺利有序参与社会治理的基本保障，要根据党的十九大关于“创新社会治理”要求，修正管控型立法理念，尽快启动“社会组织法”及其参与公共服务的立法工作，明确社会组织的性质、地位、责任、义务及其治理结构、登记监管和准入制度等，为社会组织自身发展和参与公共服务提供法律依据[①]。同时，要精准研判社会发展趋势，完善各项社会组织日常运行的制度机制，为社会组织充分发挥自身作用“保驾护航”。

三是加强社会组织自身建设。首先要完善社会组织现代化的管理制度，科学的管理制度是提升社会组织服务效能的基础保障，应以包含组织性质、组织宗旨、职能定位、经费来源、管理体制等在内的章程为抓手，遵循民主、公开的程序，完善各项管理制度，建立健全内部管理机构、管理制度、议事规则、办事程序等，规范内部治理结构和权力运行规则，推进现代化的社会组织制度建设，提高组织运行效率，逐步构建起社会组织较为完善的根本制度、基本制度、具体制度相互支撑的制度体系；其次是提升服务社会的水平，社会组织提升参与社会质量的质量水平要积极寻求政府的资源支持，如争取在资金保障、政策补贴、专家

① 徐伟．社会组织参与乡村振兴困境与路径分析[J]．农村．农业．农民（B版），2021（1）：17-19.

帮扶、公共资源等方面优先得到保障，此外还要积极寻求与企业合作，争取更多的企业捐赠、公益支援等。最后，还要建立激励保障机制。保障社会组织专职人员在劳动保障、社会保障上的权力，通过多种形式为社会组织人才谋福利，提升社会组织吸引人才的能力，激发更多青年人才加盟社会组织，进一步提升社会组织服务社会的水平。

第五节　营造良好的制度执行环境是提升国家治理效能的关键环节

提升国家治理效能，必须关注制度执行的社会环境。要构造良好的社会环境，塑造国家治理共同的价值基础，让人们认识制度，认同制度，形成制度自信，并在此基础上健全制度执行机制，加强对制度执行的监督，只有这样才会形成“全党全社会自觉尊崇制度、严格执行制度、坚决维护制度”的局面，才能实现国家治理效能的显著提升。

一、塑造人民群众共同的价值基础

塑造国家治理共同的价值基础是提高人们参与国家治理的主体意识，坚定制度自信的思想前提，没有共同的价值基础就不会有共同的思想意识，也就不会对在特定价值基础上构建起来的国家制度和治理体系产生认同感，更不会衷心拥护和尊崇执行这样的制度。因此，构造制度执行的软环境首先就是要塑造国家治理共同的价值基础。新发展阶段应该通过培育和践行社会主义核心价值观、不断推进马克思主义大众化、坚定中华民族文化自信和铸牢中华民族共同体意识等方式来塑造全体人民共同的价值基础。

首先是要培育和践行社会主义核心价值观。要培育和践行社会主义核心价值观，为国家治理理念的普遍认同提供价值支撑。社会主义核心价值观是在当代中国社会中起主导作用的价值观，是兴国之魂、强国之基、动力之源，是推动国家治理体系和治理能力现代化的价值引领。在制度层面，始终将人民群众的切身利益作为制度制定的出发点和落脚点。在制定关乎国计民生的各项制度时，如教育制度、医疗保险制度、社会福利制度、就业制度等，将社会主义核心价值观嵌入其中，用制度固化社会主义核心价值观，使制度的基本要求与核心价值观的核心内涵相统一。同时，建立相关的监督机制和奖惩机制，为践行中国特色社会主义核心价值观提供制度保障。通过法律法规和各项制度的保障，表彰符合中国特色社会主义核心价值观的行为，制约违背社会主义核心价值观的行为；在实践层面，应深度挖掘富有实践特色和价值的中华优秀传统文化。将中华优秀传统文化与社会主义核心价值观相结合，优秀文化传承下来的家风家教，是民族精神的集中反映，要讲好中华文化，讲清楚中华文化的发展脉络、价值理念、鲜明特色，树立中国特色社会主义文化自觉、坚定中国特色社会主义文化自信，要认真汲取中华优秀传统文化的思想精华和道德精髓，深入挖掘中华优秀传统文化讲仁爱、重民本、守诚信、崇正义、尚和合、求大同的时代价值；在宣传层面，要加强对社会主义核心价值观的理论研究阐释工作，充分运用媒体平台、文艺作品、公益性广告和群众性文化活动等开展主题宣传，加强舆论宣传、文化熏陶和教育引导，讲好中国故事。新闻媒体要发挥“弘扬主旋律，传播正能量”的作用，坚持政治性和人民性的统一。

其次是持续推进马克思主义大众化，为国家治理理念的普遍认同提供科学理论指导。马克思主义是人们认识世界、改造世界的科学真理，是科学的理论、人民的理论、实践的理论、不断发展的开放的理论。要想不断推进马克思主义大众化，就要不断增强人们的马克思主义思想意识，为国家治理理念的普遍认同提供科学理论指导。新时代持续和推进马克思主义大众化传播需要坚持正确的政治方向，坚持以人民为中心，创新马克思主义大众化传播方式。在政治方向上，新时代持续推进马克思主义大众化要坚持政治性原则，坚决维护党中央权威，加强党的政治建设。用马克思主义中国化的最新理论成果武装全党，加强党员领导干部的思想政治教育和马克思主义理论水平，发挥党员领导干部先锋模范作用，把马克思主义理论学到实处，建立真正的马克思主义信仰，真学、真懂、真用；在受众主体上，推进马克思主义大众化传播必须坚持区别对待原则。人是马克思主义大众化传播的最终指向，这就要求马克思主义大众化传播应坚持“以人为本”，始终关注和回应人民群众的利益诉求。随着社会生产力的发展，人民群众的经济收入水平和生活状况稳步提高，需求也日益多元化，在满足基本物质需求的基础上，他们更加关注如精神需求和文化需求等更高方面的需求。在推进马克思主义大众化时，要充分考虑人这一受众主体，将不同群体的年龄、职业、利益诉求、思想认知水平考虑在内，既要着眼于目标的整体性，满足最广大群众的根本利益，同时要更加关注和维护来自不同阶层的群众的具体需求，针对不同群体以及同一群体内部的不同成员制定针对性方案，开展有针对性的宣传教育，要深入人民群众的生活中，围绕人民群众最关心、最直接、最迫切需要解决的利益问题，从理论联系实际的角度加以解释；在传播方式上，不仅要把马克思主义理论教育全面进入国民教育体系，以各级党校、行政学院为主干的干部教育体系把马克思主义理论教学作为主课，将社会主义核心价值观深入到教学的每个环节中。要充分借助新媒体技术，以人民群众喜闻乐见的形式去宣传马克思主义，让大众听得懂、记得住。把网络媒体传播作为推进马克思主义大众化传播的重要途径，报刊、出版、广播、电视等多种媒体共同发挥作用，马克思主义的立场、观点、方法通过社会意识的多种形式展现出来。

再次是坚定中华民族文化自信，为国家治理理念的普遍认同提供文化涵养；“求木之长者，必固其根本；欲流之远者，必浚其泉源。”中华优秀传统文化是中华民族的精神命脉，更是涵养新时代国家治理理念的重要源泉，没有坚定的文化自信，就没有坚定的国家治理理念，国家治理目标、国家制度就是无根之木、无源之水。中华优秀传统文化是中华民族坚定文化自信的底气所在。“文化是一个国家、一个民族的灵魂。……文化自信，是更基础、更广泛、更深厚的自信，是更基本、更深沉、更持久的力量。坚定文化自信，是事关国运兴衰、事关文化安全、事关民族精神独立性的大问题。”① “欲流之远者，必浚其泉源”，想要知道文化自信从何处而来，必须找到其源头。“中华优秀传统文化是中华民族在5000多年的历史长河中积淀下来的理性和生存智慧，具有强大的生命力。中华优秀传统文化是文化自信的基石。”② 文化自信的底气来自中华民族在几千年的历史洪流中，历经磨难，创造出经久不衰的中华优秀传统文化。中华优秀传统文化的丰富内容是坚定文化自信的思想来源、中华优秀传统文化所体现的精神是坚定文化自信的思想力量。中华优秀传统文化是文化自信的源头，是滋养国家治理理念的重要源泉。“推进国家治理体系和治理能力现代化离不开优秀传统文化的滋养，要用中华文化来引领、用优秀成果来支撑。”③ 不管是“四个全面”战略布局理念，还是“五位一体”总体布局理念，民众对其的理解及普遍认同都有赖于中华优秀传统文化的滋养，都有赖于更基础、更深厚的文化自信底气。

最后是铸牢中华民族共同体意识，为国家治理理念普遍认同提供思想基础。中华民族共同体意识是国家统一之基、民族团结之本、精神力量之魂，更是国家治理理念能够一以贯之的思想基础。中华优秀传统文化是铸牢中华民族共同体意识的有力思想武器。习近平总书记在中央第二次新疆工作座谈会上提出“牢固树立中华民族共同体意识”，在党的十九大上提出“铸牢中华民族共同体意识”，可见，在新时代，民族

① 习近平．在中国文联十大、中国作协九大开幕式上的讲话[N]．人民日报，2016-12-01（1）．

② 杜芳．中华优秀传统文化与文化自信[J]．探索，2017（2）：163-168．

③ 王欢．中华优秀传统文化助推国家治理现代化路径[J]．边疆经济与文化，2015（10）：24-25．

问题是亟待解决的重大问题，解决的关键在于中华民族共同体意识的建立，“铸牢中华民族共同体意识是新时代民族工作的主线，对于维护国家统一和民族团结具有重大意义”①。“中华优秀传统文化，积淀着中华民族最深沉的精神追求，代表着中华民族的价值共识，是我国各民族共同创造的精神财富，是中华民族生生不息、发展壮大的丰厚滋养，是中国特色社会主义植根的文化沃土，是当代中国发展的突出优势，对铸牢中华民族共同体意识，发挥着重要作用。”② “在价值信念上，牢固的中华民族共同体意识意味着国内各族人民在共同生活中存在心灵的意义依托感……弘扬优秀的传统文化信念，内化各族人民的道德伦理关怀，是有助于中华民族共同体的稳定存续。”③ 可见，中华优秀传统文化是铸牢中华民族共同体意识的有力思想武器。中华民族共同体意识的牢固树立有利于人民对国家治理理念普遍认同的形成。中华优秀传统文化以统一意识、民本理念、和谐意愿等思想为理论精髓，是新时代铸牢中华民族共同体意识的思想基础，为新时代人民对国家治理理念的普遍认同提供了思想基础。中华优秀传统文化是中华民族经过 5000 多年的历史发展，仍保持勃勃生机的重要武器，在新时代，也将继续以其独特魅力铸牢中华民族共同体意识，推动人民对国家治理理念的普遍认同，引领中华民族在挑战与机遇中不断前进。

二、强化制度意识

“读中国故事，讲好中国故事。”当今世界正在经历百年未有之大变

① 孔亭．铸牢中华民族共同体意识的制度化分析 [J]. 中南民族大学学报（人文社会科学版），2021（1）：29-37.

② 柴文斌．弘扬中华优秀传统文化铸牢中华民族共同体意识 [J]. 河北省社会主义学院学报，2019（2）：86-90.

③ 青觉，徐欣顺．中华民族共同体意识：概念内涵、要素分析与实践逻辑 [J]. 民族研究，2018（6）：1-14，123.

局，而我国正处于实现中华民族伟大复兴的中国梦的关键阶段，因此，每个中国人都应该清楚地认识到制度建设的重要性，并形成一种坚定和自信的制度意识。要采取有效措施积极推进制度宣传教育制度化、常态化，使广大国人意识到中国特色社会主义制度的优越性，充分领会人民代表大会制度这一根本政治制度的重大意义，进一步了解公有制经济为主体与多种所有制经济共同发展的基本经济制度，进一步厘清按劳分配为主体、多种分配方式并存的基本分配制度。需要清醒认识到，这一系列具有中国特色的社会主义制度，既是中国共产党和中国人民的伟大创造，也是马克思主义基本原理与中国实际国情相结合的产物，具有鲜明的中国特色，其“生命力”更为强大。因此每一位国人都应读懂中国制度，在意识上跟党走、听党话、感党恩、让制度自信内化于心、外化于行。①

万物都是自然而然地产生的，一切皆有规律。只有顺应广大人民群众的呼声，满足广大人民群众的期望，顺应经济全球化历史潮流，中国特色社会主义道路才会沿着高质量发展方向不断前进。随着中国特色社会主义进入新时代，我国社会的主要矛盾已经从人民日益增长的物质文化需要与落后的社会生产之间的矛盾，转化为人民日益增长的美好生活需要和不平衡不充分的发展之间的矛盾。只有把握形势，开启全面建设社会主义现代化国家的新征程，才能满足人民日益增长的美好生活需要。无论是践行治理能力，还是培养制度意识，都不可能一蹴而就。要充分调动广大人民群众的积极性和创造性，使制度自信贯穿于人民群众的生产生活当中，使得人民群众获得更大的幸福感和自豪感。

---

① 王永乐，范松仁．强化制度意识 提升制度执行力[N]. 中国社会科学报，2019-12-26（1）.

三、坚定制度自信

坚定制度自信，在顺境时容易，逆境时则尤为艰难。当代中国坚定制度自信，最重要的是要充分认识中国特色社会主义制度的优越性，深刻认识到中国特色社会主义国家制度和法律制度是经过长期实践和探索形成的，是人类文明史上的伟大创举。应当坚定不移高举“中国特色社会主义伟大旗帜”，与时俱进完善制度，坚定制度自信。

坚定制度自信，还要看到，中国特色社会主义制度经历了各种艰难困苦的考验，带领中国人民战胜了一个又一个困难，是极具强大的生命力的制度体系。中华人民共和国成立以来，我国经历了诸多考验，唐山大地震、洪涝灾害、非典疫情、汶川大地震等困境倒逼我国前行。在灾难之中，不仅考验一个政党的智慧，还考验了一个国家的制度力量、制度保障。越是困难的情况下，越能显示出一个国家的制度具有强大的生命力、坚韧性。中国特色社会主义制度正是这样一个能够在灾难中凝聚中国力量的符合中国国情的优越制度。[①] 观察事物在于倾听言语，观察事物在于观察行动。中国 GDP 世界第二，中国三峡大坝世界第一，中国高速公路总里程世界第一，中国高铁通车里程世界第一，中国跃身世界航天科技大国，中国杂交水稻为世界粮食增产做出巨大贡献。无数个第一，无数个中国贡献，无数个中国制造，让世界知道了中国特色社会主义道路是一个奇迹。[②] 经历实践考验和苦难磨炼的中国特色社会主义制度体系将会更加完善，更具生命力。

---

① 李家祥．制度自信的生成逻辑与国家制度软实力的提升 [J]. 科学社会主义，2020（4）：79-83.

② 孙存良．国家治理的中国智慧 [J]. 奋斗，2019（19）：80.

四、健全制度执行机制

制度是人们根据现实需要总结概括出的一种约束和规范体系，其能否发挥应有的作用关键在于执行机制是否完善。没有完善的执行机制支撑的制度，就像没有坚固堤坝的河床，如果有的人总是不按照制度行事，利用漏洞打擦边球来为自己牟利，逃避制度监管，不遵守制度，甚至随意更改制度，终有一天会侵蚀掉河岸的平静与安宁。因此，必须强化制度执行力，把制度要求深切贯彻落到实处，才能发挥好党的领导的最大优势[①]。

对内，以“全心全意为人民服务”为宗旨，推动制度的实施。意识是实践的先导，只有充分发挥主观能动性，才能最大限度地实现意识的实践。中国共产党是我国的领导核心，其全心全意为人民服务的宗旨提醒广大中国共产党人不要忘记初衷，牢记使命。牢牢巩固广大党员的思想根基，是实现党的初心和使命的基础。这是中国共产党人坚定不移的追求，也是中国共产党人时刻坚持的。因此，必须提高党的领导方向、统筹全局、制定政策和推进改革的能力，以促进改革的更好实施。

对外，要坚持系统实施的原则和灵活统一的原则。根据执行者行为动机的不同，政策执行方式可分为政绩式执行和避责式执行。通过其行为造成后果的差异对比，政绩式执行保质保量完成政策目标，其结果倾向于原则性；避责式执行可能会出现形式化等局面，其结果更倾向于灵活性。一般来说，政绩式执行是所有管理者都期望落实的，但由于现实情况具有复杂性，更多的是一种理想的状态。在政策执行过程中，不能一味地强调原则性，而忽略灵活性。如何衡量该制度的原则性和灵活性，对于该制度的实施具有重要意义。

---

① 麻宝斌，钱花花．制度执行力探析 [J]. 天津社会科学，2013（3）：53-58.

五、加强对制度执行的监督

党的十九届四中全会明确指出，要“加强对制度执行的监督，坚决杜绝做选择、搞变通、打折扣的现象”。加强对制度执行的监督是制度能够有效运行的关键环节，是国家治理效能提升的重要节点，没有监督就没有执行，或者说没有监督就没有严格执行。加强对制度执行的监督，要从内部监督和外部监督两个方面做好相关工作，既要重视内部监督的政治性、专业化，又要重视外部监督的普遍性和大众性，内外结合共同做好制度执行的监督工作。

首先要做好制度执行的内部监督。内部监督是制度运行监督的根本方式，只有在秉持政治性、专业化、科学化的原则基础上对制度运行的各个主体、各个环节、各个方面进行有效监督，制度运行才会顺畅而有效。一是要做到全员监督，代表国家运用制度对国家进行管理和治理的机构和个人都应受到严格的监督。不仅中央机关要派驻纪委进行监督，地方的各级政府，各个部门都要有纪委监察的监督，特别是对基层的政权机关和基层的党组织以及在这些部门和机构中担任领导职务的个人，更是要严格监督到位，严管就是厚爱，监督到位就是对领导干部的关心关怀；二是要做到全过程监督，即要对制度执行的全部环节进行监督，最不能忽视的就是制度执行的“神经末梢”，即基层组织和个人对制度执行的情况进行监督；三是要对制度执行进行全方位的监督，不仅要监督制度执行绩效，还要监督制度执行的方式方法、态度等。

其次要做好制度执行的外部监督。外部监督是制度执行有效顺畅的重要力量，没有外部监督的制度执行也会失去群众基础，内部监督再强有力的措施其效果也会大打折扣。做好外部监督一是要形成全民监督的社会氛围，鼓励、支持人民群众对制度执行的人员、机构以及运行过程中的各个方面各个环节进行有效监督，让人民群众参与到制度运行监督工作中来，提高制度的执行力和有效性；二是有效保障人民群众的政治权利和监督权，让人民群众通过有序参与社会主义民主政治有机会、有渠道参与到制度运行监督的工作中来；三是构建和完善举报者保护机制，切实保护监督者的各项权利，让广大人民群众敢于监督、勇于监督、乐于监督。

参考文献

[1] 中共中央马克思恩格斯列宁斯大林著作编译局 . 马克思恩格斯选集：第一卷 [M]. 北京：人民出版社，2012.

[2] 中共中央马克思恩格斯列宁斯大林著作编译局 . 马克思恩格斯选集：第二卷 [M]. 北京：人民出版社，2012.

[3] 中共中央马克思恩格斯列宁斯大林著作编译局 . 马克思恩格斯选集：第三卷 [M]. 北京：人民出版社，2012.

[4] 中共中央马克思恩格斯列宁斯大林著作编译局 . 马克思恩格斯选集：第四卷 [M]. 北京：人民出版社，2012.

[5] 中共中央马克思恩格斯列宁斯大林著作编译局 . 马克思恩格斯文集：第三卷 [M]. 北京：人民出版社，2009.

[6] 中共中央马克思恩格斯列宁斯大林著作编译局 . 马克思恩格斯文集：第四卷 [M]. 北京：人民出版社，2009.

[7] 中共中央马克思恩格斯列宁斯大林著作编译局 . 马克思恩格斯文集：第六卷 [M]. 北京：人民出版社，2009.

[8] 中共中央马克思恩格斯列宁斯大林著作编译局 . 马克思恩格斯文集：第七卷 [M]. 北京：人民出版社，2009.

[9] 中共中央马克思恩格斯列宁斯大林著作编译局 . 列宁选集：第一卷 [M]. 北京：人民出版社，2012.

[10] 中共中央马克思恩格斯列宁斯大林著作编译局 . 列宁选集：第二卷 [M]. 北京：人民出版社，2012.

[11] 中共中央马克思恩格斯列宁斯大林著作编译局 . 列宁选集：第三卷 [M]. 北京：人民出版社，2012.

[12] 毛泽东 . 毛泽东选集：第一卷 [M]. 北京：人民出版社，1991.

[13] 毛泽东 . 毛泽东选集：第二卷 [M]. 北京：人民出版社，1991.

[14] 毛泽东 . 毛泽东选集：第三卷 [M]. 北京：人民出版社，1991.

[15] 毛泽东 . 毛泽东选集：第四卷 [M]. 北京：人民出版社，1991.

[16] 中共中央文献研究室 . 毛泽东文集：第六卷 [M]. 北京：人民出版社，1999.

[17] 中共中央文献研究室 . 毛泽东文集：第七卷 [M]. 北京：人民出版社，1999.

[18] 邓小平 . 邓小平文选：第三卷 [M]. 北京：人民出版社，1993.

[19] 江泽民 . 江泽民文选：第一卷 [M]. 北京：人民出版社，2006.

[20] 江泽民 . 江泽民文选：第二卷 [M]. 北京：人民出版社，2006.

[21] 江泽民 . 江泽民文选：第三卷 [M]. 北京：人民出版社，2006.

[22] 胡锦涛 . 胡锦涛文选：第一卷 [M]. 北京：人民出版社，2016.

[23] 胡锦涛 . 胡锦涛文选：第二卷 [M]. 北京：人民出版社，2016.

[24] 胡锦涛 . 胡锦涛文选：第三卷 [M]. 北京：人民出版社，2016.

[25] 习近平 . 习近平谈治国理政：第一卷 [M]. 北京：外文出版社，2018.

[26] 习近平 . 习近平谈治国理政：第二卷 [M]. 北京：外文出版社，2017.

[27] 习近平 . 习近平谈治国理政：第三卷 [M]. 北京：外文出版社，2020.

[28] 中共中央文献研究室 . 十八大以来重要文献选编：上 [M]. 北京：中央文献出版社，2014.

[29] 中共中央文献研究室 . 十八大以来重要文献选编：下 [M]. 北京：中央

文献出版社，2014.
[30] 习近平. 习近平关于全面深化改革论述摘编 [M]. 北京：中央文献出版社，2014.
[31] 郑永年. 全球化与中国国家转型 [M]. 杭州：浙江人民出版社，2009.
[32] 毛寿龙，李梅，陈幽泓. 西方政府的治理变革 [M]. 北京：中国人民大学出版社，1998.
[33] 吴冷西. 十年论战：1956–1966 中苏关系回忆录 [M]. 北京：中央文献出版社，1999.
[34] 朱英. 转型时期的社会与国家 [M]. 武汉：华中师范大学出版社，1997.
[35] 罗荣渠. 现代化新论：世界与中国的现代化进程 [M]. 北京：北京大学出版社，1993.
[36] 方绍伟. 中国热：世界的下一个超级大国 [M]. 北京：新华出版社，2009.
[37] 亚里士多德. 政治学 [M]. 北京：商务印书馆，1997.
[38] 王绍光，胡鞍钢. 中国国家能力报告 [M]. 沈阳：辽宁人民出版社，1993.
[39] 刘泽华，葛荃. 中国古代政治思想史 [M]. 天津：南开大学出版社，2001.
[40] 田海林. 中国近代政治思想史 [M]. 济南：山东大学出版社，2003.
[41] 虞崇胜，唐皇凤. 第五个现代化：国家治理体系与治理能力现代化 [M]. 武汉：湖北人民出版社，2015.
[42] 杨雪冬. 国家治理的逻辑 [M]. 北京：社会科学文献出版社，2018.
[43] 燕继荣. 中国治理：东方大国的复兴之道 [M]. 北京：中国人民大学出版社，2017.
[44] 叶立煊，郝宇青. 西方政治思想史 [M]. 上海：华东师范大学出版社，2017.
[45] 柳建辉. 百炼成钢：中国共产党应对重大困难与风险的历史经验 [M].

北京：人民出版社，2017.
[46] 戴木才．中国共产党治国理政之道：坚持依法治国与以德治国相结合[M]. 南昌：江西教育出版社，2017.
[47] 王炳林，赵军．中国共产党治国理政历史经验研究：咨询报告集萃 [M]. 北京：人民出版社，2017.
[48] 刘靖北．新时期治国理政战略思想研究 [M]. 上海：上海人民出版社，2017.
[49] 王帆，凌胜利．人类命运共同体：全球治理的中国方案 [M]. 长沙：湖南人民出版社，2017.
[50] 王国棉．古代中国治国理政思想 [M]. 太原：山西教育出版社，2017.
[51] 林钊．治国理政新方略 [M]. 北京：国家行政学院出版社，2016.
[52] 臧雷振．国家治理：研究方法与理论建构 [M]. 北京：社会科学文献出版社，2016.
[53] 李路曲．政党政治与政治发展 [M]. 北京：中央编译出版社，2016.
[54] 张艳娥．中国特色社会主义制度创新研究 [M]. 北京：中国社会科学出版社，2016.
[55] 王伟光．马克思主义中国化的最新成果：习近平治国理政思想研究 [M]. 北京：中国社会科学出版社，2016.
[56] 杜飞进．中国的治理：国家治理现代化研究 [M]. 北京：商务印书馆，2015.
[57] 杨雪冬，张萌萌．大国治理 [M]. 北京：中央编译出版社，2015.
[58] 于憬之．传统文化中的治国理政智慧 [M]. 北京：人民日报出版社，2015.
[59] 刘少华，刘宏斌，余凯．国家治理体系现代化与政治治理 [M]. 长沙：湖南人民出版社，2015.
[60] 程冠军．走向善治的中国：十八大以来治国理政观察 [M]. 北京：中共中央党校出版社，2015.

[61] 燕继荣 . 国家治理及其改革 [M]. 北京：北京大学出版社，2015.
[62] 辛向阳 . 中国特色社会主义与国家治理现代化 [M]. 杭州：浙江人民出版社，2015.
[63] 胡光宇 . 中国治理：中国经验 [M]. 北京：人民出版社，2014.
[64] 刘世军 . 大国的复兴：国家治理体系与治理能力现代化 [M]. 上海：上海出版社，2014.
[65] 张小劲，于晓红 . 推进国家治理体系与治理能力现代化六讲 [M]. 北京：人民出版社，2014.
[66] 钱穆 . 中国历代政治得失 [M]. 北京：九州出版社，2014.
[67] 俞可平 . 论国家治理现代化 [M]. 社会科学文献出版社，2015.
[68] 肖贵清，田桥 . 政党治理引领国家治理：中国共产党治国理政的逻辑理路 [J]. 山东社会科学，2017（7）：5–12.
[69] 周雪光 . 寻找中国国家治理的历史线索 [J]. 中国社会科学，2019（1）：90–100.
[70] 孙寅生 . 论习近平治国理政思想的十大特征 [J]. 探索，2017（2）：13–18.
[71] 魏治勋 ."善治"视野中的国家治理能力及其现代化 [J]. 法学论坛，2014（2）：32–45.
[72] 蓝志勇 . 论社会治理体系创新的战略路径 [J]. 国家行政学院学报，2016（1）：55–61.
[73] 周佑勇 . 推进国家治理现代化的法治逻辑 [J]. 法商研究，2020（4）：3–17.
[74] 张光平，张思萌 . 国家治理现代化：国际经验与教训 [J]. 当代世界与社会主义，2015（2）：4–8.
[75] 徐湘林 . 社会转型与国家治理：中国政治体制改革取向及其政策选择 [J]. 政治学研究，2015（1）：3–10.
[76] 姜晓萍 . 国家治理现代化进程中的社会治理体制创新 [J]. 中国行政管理，2014（2）：24–28.

[77] 雷巧玲 . 自媒体时代干部治理能力的危机与对策 [J]. 理论月刊,2015(8): 112-115.

[78] 马俊峰 . 马克思主义价值理论与当代中国价值观念转变 [J]. 高校马克思主义理论研究，2016（3）：20-25.

[79] 泮伟江 . 司法改革、法治转型与国家治理能力的现代化 [J]. 中共浙江省委党校学报，2015（5）：59-64.

[80] 张伟伟 . 推进国家治理现代化的三条主线：治理主体、工具、客体研究 [J]. 中共云南省委党校学报，2015（4）：151-154.

[81] 范逢春 . 国家治理现代化：逻辑意蕴、价值维度与实践向度 [J]. 四川大学学报（哲学社会科学版），2014（4）：86-94.

[82] 宋林泽 . 马克思主义国家理论与国家治理现代化 [J]. 理论月刊,2016(5): 18-22.

[83] 刘志昌 . 习近平国家治理现代化思想研究 [J]. 社会主义研究，2016（5）: 16-19.

[84] 刘学军 . 依法治国与国家治理能力现代化 [J]. 中共福建省委党校学报，2015（1）：20-27.

[85] 陈霞，王彩波 . 有效治理与协同共治：国家治理能力现代化的目标及路径 [J]. 探索，2015（5）：48-53.

[86] 滕明政 . 习近平的国家治理现代化思想研究：推进国家治理体系和治理能力现代化 [J]. 大连理工大学学报（社会科学版），2018（1）：1-8.

[87] 叶志坚 . 国家治理体系和治理能力现代化的历史考察：以中国近代以来社会变革过程为视角 [J]. 福建行政学院学报，2014（5）：7-13，26.

[88] 刘彦昌 . 国家治理能力现代化背景下党建模式的转型 [J]. 领导科学，2014（23）：4-7.

[89] 唐皇凤，陶建武 . 大数据时代的中国国家治理能力建设 [J]. 探索与争鸣，2014（10）：54-58.

[90] 李林 . 依法治国与推进国家治理现代化 [J]. 法学研究，2014（5）：3-17.

[91] 薛澜，张帆，武沐瑶．国家治理体系与治理能力研究：回顾与前瞻 [J]. 公共管理学报，2015（3）：1-12，155.

[92] 蔡拓．全球治理与国家治理：当代中国两大战略考量 [J]. 中国社会科学，2016（6）：5-14.

[93] 夏志强．国家治理现代化的逻辑转换 [J]. 中国社会科学，2020（5）：4-27，204.

[94] 吕德文．乡村治理 70 年：国家治理现代化的视角 [J]. 南京农业大学学报（社会科学版），2019（4）：11-19，156.

[95] 宋世明．推进国家治理体系和治理能力现代化的理论框架 [J]. 中共中央党校（国家行政学院）学报，2019（6）：5-13.

[96] 曹胜亮．全面推进依法治国的困境与求索：以国家治理体系和治理能力现代化为视角 [J]. 法学论坛，2015（1）：20-30.

[97] 孙乐强．马克思主义国家学说的当代发展：基于国家治理体系和治理能力现代化的分析 [J]. 思想理论教育，2015（7）：37-42.

[98] 张志安，吴涛．国家治理视角下的互联网治理 [J]. 新疆师范大学学报（哲学社会科学版），2015（5）：73-77，2.

[99] 郭定平．政党中心的国家治理：中国的经验 [J]. 政治学研究，2019（3）：13-22，125.

[100] 任剑涛．现代化国家治理体系的建构：基于近期顶层设计的评述 [J]. 中国人民大学学报，2015（2）：2-12.

[101] 赵宇峰，林尚立．国家制度与国家治理：中国的逻辑 [J]. 中国行政管理，2015（5）：6-11.

[102] 胡鞍钢．中国国家治理现代化的特征与方向 [J]. 国家行政学院学报，2014（3）：4-10.

[103] 燕继荣．制度、政策与效能：国家治理探源 兼论中国制度优势及效能转化 [J]. 政治学研究，2020（2）：2-13，124.

[104] 吕同舟．政府职能转变的理论逻辑与过程逻辑：基于国家治理现代化的

思考 [J]. 国家行政学院学报，2017（5）：54–58，145.
[105] 彭莹莹，燕继荣 . 从治理到国家治理：治理研究的中国化 [J]. 治理研究，2018（2）：39–49.
[106] 王永贵，史献芝 . 国家治理现代化的价值向度：学习习近平关于国家治理现代化新理念新思想的重要论述 [J]. 马克思主义研究，2016（12）：109–117，158.
[107] 欧阳康，赵琦 . 以人民为中心的国家治理现代化 [J]. 江苏社会科学，2020（1）：1–8，253.
[108] 杨雪冬 . 论国家治理现代化的全球背景与中国路径 [J]. 国家行政学院学报，2014（4）：15–21.
[109] 俞可平 . 国家治理的中国特色和普遍趋势 [J]. 公共管理评论，2019（3）：25–32.
[110] 周文，司婧雯 . 新时代中国国家治理现代化：内涵、特征与进路 [J]. 新疆师范大学学报（哲学社会科学版），2020（4）：23–31，2.
[111] 景云祥 . 治理现代化：治理价值、治理体系、治理能力的三维构建 [J]. 行政与法，2015（3）：1–10.
[112] 庞明礼 . 国家治理效能的实现机制：一个政策过程的分析视角 [J]. 探索，2020（1）：89–97，2.
[113] 丁志刚 . 论国家治理能力及其现代化 [J]. 上海行政学院学报，2015（3）：60–67.
[114] 虞崇胜 . 提升中国特色社会主义制度秉赋：超越制度优势的国家治理现代化目标 [J]. 探索，2020（2）：56–70.
[115] 李放 . 现代国家制度建设：中国国家治理能力现代化的战略选择 [J]. 新疆师范大学学报（哲学社会科学版），2014（4）：29–35.
[116] 顾爱华，吴子靖 . 论国家治理现代化的战略选择 [J]. 中国行政管理，2016（2）：51–56.

[117] 郑智航 . 当代中国国家治理能力现代化的提升路径 [J]. 甘肃社会科学，2019（3）：36–44.

[118] 莫纪宏 . 论“国家治理体系和治理能力现代化”的“法治精神”[J]. 新疆师范大学学报（哲学社会科学版），2014（3）：15–20，2.

[119] 颜晓峰 . 中国制度和国家治理在抗疫斗争中经受大考 [J]. 思想理论教育导刊，2020（4）：4–10.

[120] 徐琳，谷世飞 . 公民参与视角下的中国国家治理能力现代化 [J]. 新疆师范大学学报（哲学社会科学版），2014（4）：36–42，2.

[121] 池忠军 . 习近平新时代国家治理的善治路径 [J]. 河南师范大学学报（哲学社会科学版），2018（5）：9–14.

[122] 何增科 . 国家治理及其现代化探微 [J]. 国家行政学院学报，2014（4）：11–14.

[123] 崔金奇，焦石文 . 改革开放以来我国国家治理的历史经验与世界意义 [J]. 河南师范大学学报（哲学社会科学版），2020（6）：45–49.

[124] 王志强，梁钦 . 中国社会主义制度的国家治理能力优势：基于与西方资本主义制度的比较 [J]. 社会主义研究，2020（6）：1–7.

[125] 高慧军，黄华津，吴竞妍 . 全媒体在国家治理中的价值及其实现机制 [J]. 中国行政管理，2020（12）：97–103，137.

[126] 吴宏政，王海龙 . 新时代思想政治教育的国家治理功能 [J]. 思想理论教育导刊，2020（11）：124–128.

[127] 秦龙 . 中国特色国家治理的根本遵循、制度优势与价值取向 [J]. 马克思主义研究，2020（10）：54–62.

[128] 徐亚清，于水 . 新时代国家治理的问题导向与话语创新 [J]. 甘肃社会科学，2020（5）：46–52.

[129] 张贤明 . 制度建设协同化：国家治理现代化的有效路径 [J]. 行政论坛，2020（5）：5–11，2.

[130] 邓磊，周珊 . 民族团结：新时代国家治理的重要价值取向：毛泽东民族团结思想新探 [J]. 中南民族大学学报（人文社会科学版），2020（5）：34–39.

[131] 吕普生 . 我国制度优势转化为国家治理效能的理论逻辑与有效路径分析 [J]. 新疆师范大学学报（哲学社会科学版），2020（3）：18–33，2.

[132] 韩克芳 . 法治在国家治理现代化中的地位、作用及其实现路径 [J]. 江西社会科学，2019（12）：186–192.

[133] 王浦劬 . 全面准确深入把握全面深化改革的总目标 [J]. 中国高校社会科学，2014（1）：4–18，157.

[134] 王臻荣 . 治理结构的演变：政府、市场与民间组织的主体间关系分析 [J]. 中国行政管理，2014（11）：56–59.

[135] 胡庆亮 . 推进国家治理体系现代化的逻辑与理路：从党政二元一体到主体多元共治 [J]. 求实，2015（9）：12–17.

[136] 肖杰 . 新时代我国国家治理的多元化主体及其能力提升路径 [J]. 求知，2019（1）：29–31.

[137] 宋玉波，黄锟 . 党政体制改革的探索与优化 [J]. 上海行政学院学报，2020（1）：13–22.

[138] 左然，左源 .40 年来我国机构改革的经验和启示 [J]. 中国行政管理，2018（9）：52–57.

[139] 张立哲 . 推进党政合署机构改革的基本遵循 [J]. 领导科学，2018（20）：29–32.

[140] 颜昌武 . 党政体制下的中国行政国家建设：特色与路向 [J]. 暨南学报（哲学社会科学版），2019（7）：37–45.

[141] 程竹汝 . 论新时代“四个伟大”与中国共产党执政伦理 [J]. 中共中央党校学报，2018（2）：5–11.

[142] 徐晨光 . 强化“四个意识”提高党的治理能力 [J]. 湖南社会科学，2020（3）：1–5.

[143] 黄金辉 . 新世纪以来中国共产党执政能力建设的新举措及其成效：以推进国家治理体系与治理能力现代化为视角 [J]. 四川大学学报（哲学社会科学版），2015（2）：94−102.

[144] 王艳珍，颜俊儒 . 国家治理现代化视域下全面从严治党效能提升的路径研究 [J]. 理论探讨，2016（3）：132−135.

[145] 何祖坤 . 论国家制度优势与国家治理效能 [J]. 云南社会科学，2020（1）：2−9，185.

[146] 黄恒学 . 完善制度，理顺不同社会主体之间的关系 [J]. 国家治理，2019（40）：34−38.

[147] 吴家庆，罗凌波 . 论中国共产党在和谐社会构建中社会整合机制的完善 [J]. 湖南师范大学社会科学学报，2010（2）：68−74.

[148] 毕国帅，李海青 . 从优势到效能：推进国家治理现代化的实践遵循 [J]. 北京行政学院学报，2020（1）：51−57.

[149] 金刚 . 中华优秀传统文化对新时代国家治理现代化的重要作用 [J]. 中共宁波市委党校学报，2020（1）：18−23.

[150] 青觉，徐欣顺 . 中华民族共同体意识：概念内涵、要素分析与实践逻辑 [J]. 民族研究，2018（6）：1−14，123.

[151] 刘永刚 . 铸牢中华民族共同体意识与国家治理现代化的互构逻辑 [J]. 西南民族大学学报（人文社科版），2019（10）：17−23.

[152] 刘军 . 从马克思主义国家理论看中国国家治理现代化 [J]. 中国特色社会主义研究，2014（5）：37−41.

[153] 张文显 . 法治与国家治理现代化 [J]. 中国法学，2014（4）：5−27.

[154] 沈德咏，曹士兵，施新州 . 国家治理视野下的中国司法权构建 [J]. 中国社会科学，2015（3）：39−57，206.

[155] 陈炳辉 . 国家治理复杂性视野下的协商民主 [J]. 中国社会科学，2016（5）：136−153+207.

[156] 郁建兴，刘大志 . 治理理论的现代性与后现代性 [J]. 浙江大学学报（人

文社会科学版），2003（2）：6–14.
[157] 李风华 . 治理理论：渊源、精神及其适用性 [J]. 湖南师范大学社会科学学报，2003（5）：45–51.
[158] 许耀桐 . 治理与国家治理的演进发展 [J]. 中共福建省委党校学报，2016（9）：4–12.
[159] 何增科 . 理解国家治理及其现代化 [J]. 马克思主义与现实，2014（1）：11–15.
[160] 柴艳荣，李晗 . 变迁中国家治理模式的类型分析及其启示 [J]. 云南社会科学，2005（2）：13–15，20.
[161] 黄清吉 . 国家能力基本理论研究 [J]. 政治学研究，2007（4）：45–53.
[162] 李江静 . 大数据对国家治理能力现代化的作用及其提升路径 [J]. 中共中央党校学报，2015（4）：44–50.
[163] 叶小文，张峰 . 从现代国家治理的高度认识协商民主 [J]. 中央社会主义学院学报，2014（1）：5–8.
[164] 王新 . 国家治理能力视野的制度建构、改革创新与科学发展 [J]. 重庆社会科学，2014（3）：5–12.
[165] 赵欢春 . 论社会转型风险中国家治理能力现代化的建构逻辑 [J]. 南京师大学报（社会科学版），2014（4）：42–48.
[166] 时和兴 . 国家治理变迁的困境及其反思：一种比较观点 [J]. 当代世界与社会主义，2014（1）：24–29.
[167] 魏治勋 ."善治"视野中的国家治理能力及其现代化 [J]. 法学论坛，2014（2）：32–45.
[168] 赵跃先，姜延博 . 国家治理体系与治理能力法治化的理论探析 [J]. 马克思主义研究，2015（10）：110–117，160.
[169] 邱实 . 中国政治治理现代化研究 [D]. 南京：南京师范大学，2017.
[170] 钟林 . 国家治理能力现代化：背景、内涵与生成 [D]. 武汉：华中科技大学，2015.

[171] 兰旸 . 新中国以来国家治理结构研究 [D]. 北京：中共中央党校，2016.
[172] 任丽涛 . 国家治理现代化视域下的思想政治教育发展研究 [D]. 长春：东北师范大学，2016.
[173] 仲伟通 . 中国共产党党内治理问题研究 [D]. 济南：山东大学，2017.
[174] 季卫兵 . 国家治理的价值取向及其培育研究 [D]. 南京：南京理工大学，2016.
[175] 武庆鹏 . 中国国家治理现代化的路径探析 [D]. 乌鲁木齐：新疆大学，2016.
[176] 李晓乐 . 马克思主义国家治理理论的历史逻辑 [D]. 南京：东南大学，2016.
[177] 程李华 . 现代国家治理体系视阈下的政府职能转变 [D]. 北京：中共中央党校，2014.
[178] 陈春常 . 转型中的中国国家治理研究 [D]. 上海：华东师范大学，2011.
[179] 汪洋 . 论中国式国家治理体系现代化的法治维度 [D]. 长沙：湖南大学，2016.
[180] 张军 . 改革开放以来国家治理能力提升问题研究 [D]. 北京：中共中央党校，2017.
[181] 吕虹 . 国家治理现代化背景下的中国共产党适应性变革 [D]. 济南：山东大学，2015.
[182] 李美华 . 毛泽东对国家治理能力现代化的实践探索及其哲学基础研究 [D]. 湘潭：湘潭大学，2017.
[183] 武娟 . 我国国家治理体系和治理能力现代化研究 [D]. 兰州：西北民族大学，2016.
[184] 郑益 . 中国共产党建设科学化与国家治理现代化互动研究 [D]. 大连：辽宁师范大学，2016.
[185] 王一铮 . 新中国成立以来中国共产党执政经验研究 [D]. 长春：吉林大学，2020.

[186] 潘晓珍 . 理论、制度与现实：全球治理时代中国国家能力建设的三维审视 [D]. 苏州：苏州大学，2015.

[187] 邹谨 . 国家治理体系和治理能力现代化视阈下中共党建创新历程与经验研究 [D]. 武汉：华中师范大学，2017.